朝日新書
Asahi Shinsho 478

やっぱりサラリーマンは２度破産する

藤川　太

JN283786

朝日新聞出版

本書は２００６年10月、小社より刊行した『サラリーマンは2度破産する』を、その後の情勢変化に合わせて加筆修正したものです。

はじめに――あなたの「貯まる度」チェック

「そこそこ収入はあるはずなのに、なんとなくお金が貯まらない」と感じていないだろうか。本書を読む前に、まずは以下の質問に答えて、あなたの「貯まる度」をチェックしてみてほしい。

10年後といった将来の自分や家族について想像したことがない	はい	いいえ
贅沢しているつもりはないが、なぜかお金が貯まらない	はい	いいえ
生命保険に営業員に勧められるがまま加入した	はい	いいえ
なかなか自分では決断することができないタイプだ	はい	いいえ
家計が苦しくなると、まずは目の前の節約から手をつける	はい	いいえ

はいの数	コメント
0個	貯め上手さんと同じような考え方や習慣が身についています。この調子で順調に強い家計を目指しましょう。
1〜2個	ほぼ貯め上手さんと同じような考え方や習慣が身についています。でもまだまだ工夫できる余地はありそうです。「はい」をつけた項目に目を向け、家計管理のレベルを上げていきましょう。
3〜5個	このままでは、家計が破産の危機を迎えるかも。同じ収入でも、家計管理次第で将来が変わります。貧乏スパイラルに陥らないためにも、貯め上手さんたちの家計の習慣や考え方を身につけましょう。

もしも、「はい」の数が1〜2個だったなら、今から気をつければ、10年後、20年後に手にする貯蓄額はまだまだ増える可能性がある。3〜5個だったなら、手遅れにならないうちに一刻も早く本書を読んで、ライフプランを立ててほしい。今気づくのと、気づかないのとでは、経済的未来がまったく違ったものになってしまうからだ。ポイントを押さえることができれば、着実にマネーライフは改善していくので、じっくり読んで、しっかり実行してほしい。

やっぱりサラリーマンは2度破産する　目次

第3章　買うか、借りるか？　マイホームの損得勘定　99

第4章　生命保険の見直し　プロのノウハウ　127

図表　谷口正孝

序章

あなたは2度破産する

やっぱり2度破産する

まずは、私が家計見直し相談を受けているなかで、ごく平均的なサラリーマンをモデルケースとして抽出し、紹介しよう。

35歳の不破さん（仮名）は、働き盛りのサラリーマン。家族構成は32歳の妻、3歳の長男、生まれたばかりの長女の4人家族だ。

「長女が生まれて子どもが2人になったので、今の部屋が手狭になりました。思い切って念願のマンションを購入したいと思っています。資金計画を見てほしいのですが……」

年収は550万円。同じ世代の平均から見ると高いほうだ。経営の安定した会社に勤めており、今後も人並みには給料が上がっていくものと思われる。会社の定年は60歳。60歳以降は収入が下がるものの、希望すれば65歳まで働くことができる。妻は長男が生まれる前に会社を退職し、現在は専業主婦として子育てに専念している。

結婚してからこれまで同じ賃貸マンションに住んできたが、2人目の子どもが生まれていよいよ手狭になった。より広い賃貸マンションに引っ越すことも考えたが、家賃が思ったよりも高い。高い家賃を払い続けるなら、住宅ローンを払ってでも、いずれ自分のものになるほうがいいと考え、夫婦の夢であるマンションの購入を思い立った。

　毎年50万円程度を貯金しており、これまで貯めてきた貯蓄額は４００万円。このうち、３００万円をマンション購入時の頭金や諸費用に充てる予定だ。

　購入を検討している物件は、広さ72・６平方メートルの３ＬＤＫで、価格は３０００万円。将来、子ども部屋が必要になることを考えると、もっと広いマンションが希望だが、物件価格はこの程度が限界と考えている。

　子どもを積極的に私立校へ行かせたいという思いはないものの、子どもが将来行きたいと希望するのであれば、行かせてやりたい。中学校から私立校へ行くのは無理としても、高校から私立校となることは想定して用意したいと考えている。

＊　＊　＊　＊

　不破さん一家は、幸せいっぱいのごく普通の家族だ。どちらかというと、慎重な家族にも見える。

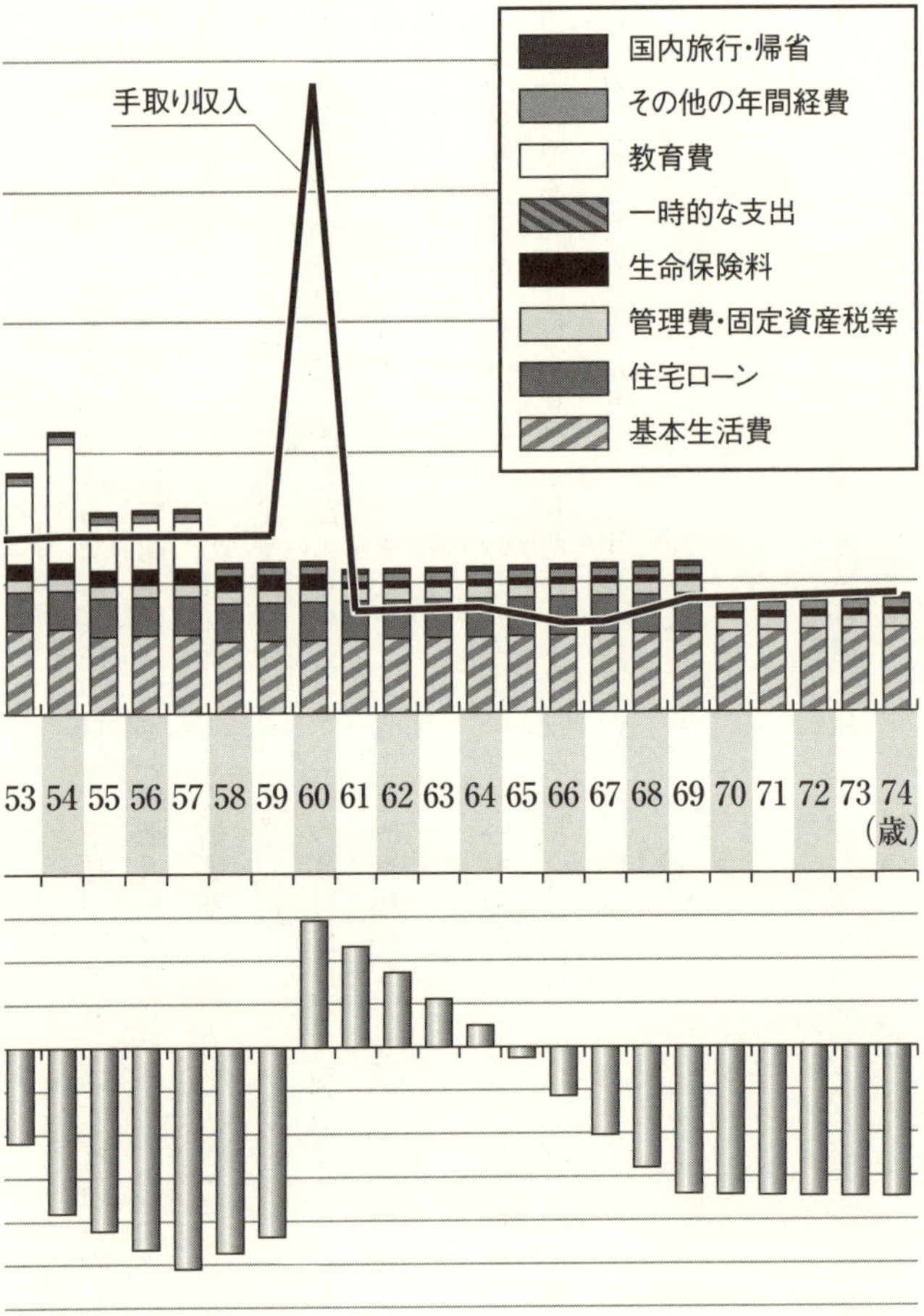
国内旅行・帰省
その他の年間経費
教育費
一時的な支出
生命保険料
管理費・固定資産税等
住宅ローン
基本生活費
手取り収入
53 54 55 56 57 58 59 60 61 62 63 64 65 66 67 68 69 70 71 72 73 74
(歳)

図表0−1　サラリーマンは2度破産する!

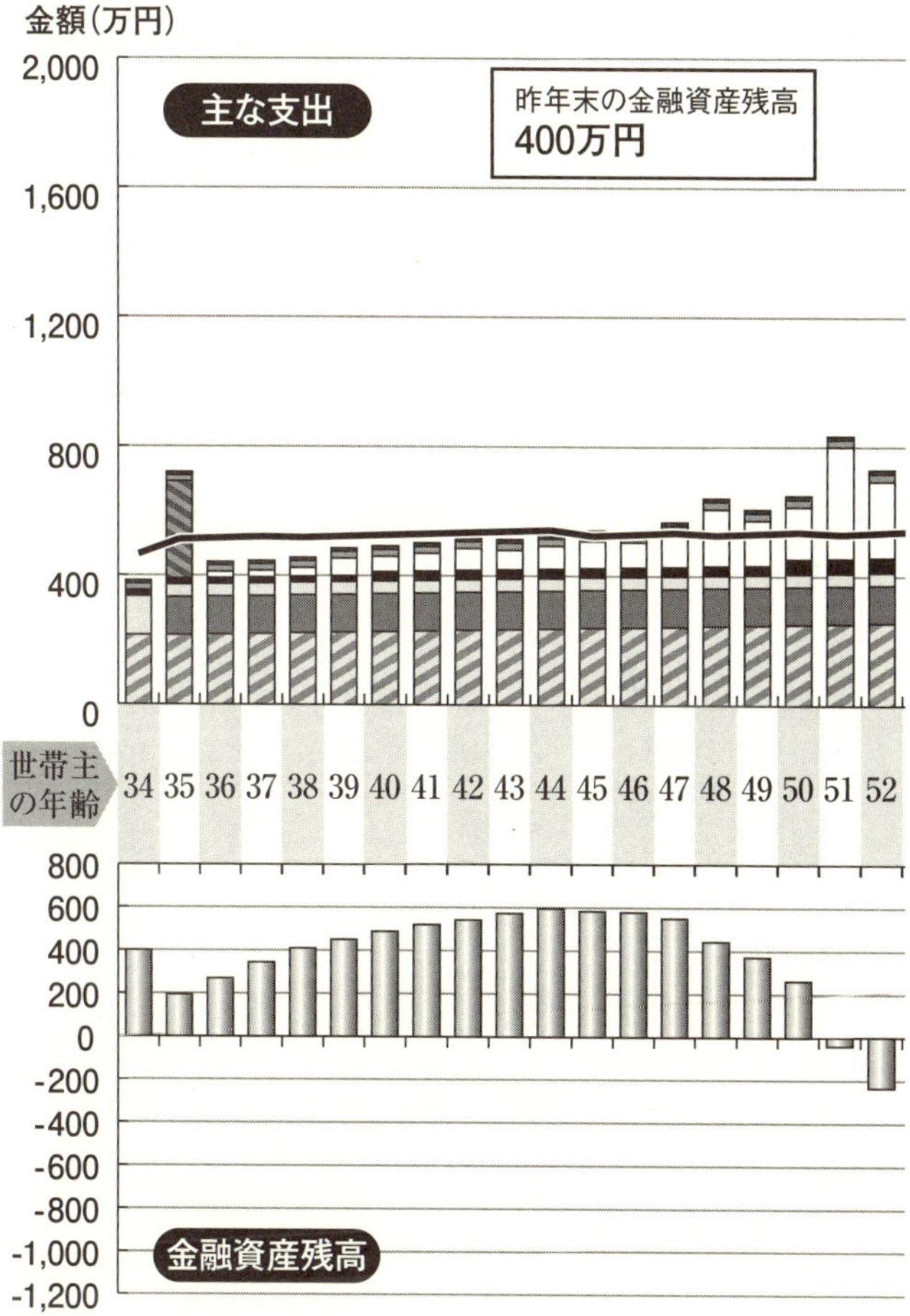

ところが、不破さんの家計は、今後２度の破産の危機を迎えようとしているのだ。
どういうことだろうか。

図表０－１は、不破さんの将来の家計の収入と支出を予測したものだ（この種の表を、ファイナンシャル・プランナーの世界では、「キャッシュフロー表」と呼んでいる）。このキャッシュフロー表を見ると、不破さんの家計には、金融資産残高がマイナスになる「破産」の危機が２度訪れることがわかる。

図表の折れ線は手取り収入の推移、縦棒は支出、およびその内訳の推移を示している。支出が収入を下回っていれば貯蓄ができ、支出が上に突き抜けていれば貯蓄を取り崩すと予測される。その結果として、下段のように、将来の金融資産残高の増減が計算できる。このようにキャッシュフロー表を作成して分析することで、家計の収支の経年変化が一目でわかるのだ。

このシミュレーションでは、物価上昇率を１％、不破さんの手取り収入の上昇率も１％として計算した。マンションを購入すると、ローン返済が年間１１７万円発生する。家族のイベントとしては、２０１８年に長男と長女が小学校と幼稚園に入学・入園する。やがて、それぞれ中学、高校、大学に入学する。車は将来、収入に余裕ができれば購入したいが、マイホームを購入すると家計が厳しくなるため、将来にわたって購入しないものとして計算した。また、実勢を考慮し、50歳代半ばからは手取り収入の上昇は横ばいとしている。

金融資産残高の推移を見ていくと、不破さんは51～59歳の間と、65歳以降の2度、金融資産残高がマイナスになってしまうことがわかる。貯蓄をすべて取り崩しても間に合わない。つまり、今後2度、財政的にかなり逼迫《ひっぱく》する時期を迎え、「破産」すらありうるという危機に直面することが予測されるのだ。

普通よりも年収が高いサラリーマン家庭の家計が、住宅を買う、子どもに教育を受けさせる……そんなごく当たり前のライフイベントに対して、こんなにも脆弱《ぜいじゃく》であるということに、気づいていただけただろうか。

このケースでは、年1％、手取り収入が上昇するものとして計算している。賃金上昇率は、物価上昇率を上回ることが多い。ところが、たとえ額面の収入が増えたとしても、税金や社会保険料の負担が増加すれば、手取り収入の増加は抑えられてしまう。

それだけではない。もし、不破さんの会社で給与の減額措置が取られたり、リストラに遭ったりした場合を考えると、手取り収入の増加どころの話ではない。幸せな家族の未来図は、あっという間に暗転してしまうことだろう。

サラリーマンの5割の家計が「病気」を抱えている

私たちの「家計の見直し相談センター」では、これまで2万世帯を超える家計の診断を行ってきた。そのなかで、不破さんのように一見、普通の家計なのに、詳細を分析すると破産の危機が予測される家計は、なんと5割を超える。健康そうに見えても、実は知らないうちに病気が進行しているという家計が、日本には山ほどあるのだ。

あなたの家計もそうした一つかもしれない。

確かに、最近は徐々に景気が回復している実感がある。首都圏の不動産市況や、素人がどんどん参戦している株式市況を見れば、消費増税も乗り越えて「バブル再来」もあり得るかと思わせるほどの熱気がある。ところが、実際のサラリーマンの家計はまだまだ脆弱だ。浮かれている場合ではない。今こそ家計改善の絶好のチャンスとも言えるのだ。

すでに破産の危機に直面している家計であれば、病気だとわかりやすいが、潜在的な病気であれば健康診断をしてみなくてはわからないから、かえってタチが悪い。その点、キャッシュフロー表は、いわば家計のレントゲン写真のようなもので、外見からは見えない病気を浮き彫りにしてくれる。

もちろん、このキャッシュフロー表はあくまで将来を予測したシミュレーションだ。キャッシュフロー表で病巣が見つかったとしても、その病気で本当に破産に至るとは限らない。危機を迎えた家計の多くは、ライフイベントを諦めたり、妻が働きに出たり、家計を切り詰めたりしながら、何とか切り抜けようとするからだ。

とはいえ、破産の予測が出た家計は、何らかの「病気」を抱えているという認識を持つことが必要だ。その病気は、調子が悪いだけで済むのか、死に至ってしまうほどのものなのか。とにかく、早めに発見して、できるだけ早く治療するのが一番だ。

サラリーマン家庭に多い家計の病気の特徴を見てみよう。

最初の破産の危機の多くは、教育費の負担が重くなる時期に訪れる。

大学に行く子どもの割合が増え、２０００年代半ばには、小学校や中学校など低年齢からの私立校への進学熱が高まった。

私立校の学費は、公立校に比べて年間40万〜80万円程度は高い。しかも、私立校への進学を目指す子どもの多くは、受験の２〜３年前から進学塾に通っている。進学塾の受講料は、高いところでは年間１００万円を超える。

大学の学費だけなら、こうした負担増も4年程度で済む。しかし、中学校から私立校に通うとなると、進学塾に行くころから考えれば10年以上の長期間にわたって負担増が続く。さらに、子どもが2人いれば教育費も2倍になり、負担増の期間もずっと長くなる。こうなると、教育ローンのような一時しのぎの対策では、到底対応できない。家計を長期的に考えて、根本的に治療しなければ、やりくりできなくなる。

相談者の中にも、私立校の教育費が払えなくなって家計が破産状態に陥り、子どもがせっかく合格した学校をやめざるを得なかった人がいる。そうなってしまうと、親も気の毒だが、頑張って勉強している子どもたちもかわいそうだ。

これまで、教育費は最後の〝聖域〟と呼ばれてきた。たとえ食費や被服費、親の小遣いを削っても、子どもの教育費だけは削らずに支出してきた。

だが、２００８年のリーマンショック以降は、こうした状況に大きな変化が見られるようになった。家計環境の悪化に伴い、教育費を聖域とせず、現実的な対応をする親が増えている。それによって、家計の危機を逃れるケースも増えているが、相変わらず教育費が家計を圧迫している状況は変わらない。

2度目の危機は退職後にやってくる。これは老後資金の不足が原因だ。

老齢厚生年金の支給開始年齢が、段階的に65歳まで引き上げられていることをご存じの方は多いだろう。男性なら昭和36年4月2日以降、女性なら昭和41年4月2日以降に生まれた人は、65歳にならないと年金はまったく払われない。なのに、60歳でいったん定年退職させられ、それ以降は継続雇用となる企業が多い。以前に比べ、60歳以降も働かせてもらえる環境は整ってきたが、定年以降の収入はグッと下がってしまうのが一般的だ。

こうなると、サラリーマンが自分たちの老後資金を貯めるには、教育費や養育費がかからなくなる子どもの独立後から定年退職までの間が勝負になる。

ところが、近年は子どもを産む年齢が高年齢化しており、子どもが独立してまもなく定年を迎えることになったり、定年後にも教育費の負担が続いたりするケースが多くなっている。さらに、子どもが就職せず大学院に進学したり、フリーターやニートになったりして、結婚もせずに養育費がかかり続けることもある。

そうなると、自分たちの老後資金どころではない。収入が下がっても働き続けなければ、家計が破産する可能性は高くなる。60歳で退職するのは「贅沢」で、65歳まで働くことが「当たり前」という時代になりつつあるのだ。

厳しい年金財政を反映して、これからは年金の価値が減少していくが、それ以外にも、さまざまな社会保障給付の削減など、高齢者には厳しい時代になることが予想される。再就職などで収入を増やすことが難しいうえ、体力的に衰えてくるころにやってくる「定年後破産」は、今後はますます深刻さを増すだろう。

手取り収入が増えにくい時代

バブル経済が崩壊した1990年以降、わが国は右肩下がりの時代に突入したと言われることが多い。不動産価格や株価を見ると、20年以上経った現在でも、このころのピークを越えることができない。ところが、図表0－2の縦棒の推移からもわかるように、私たちの家計は、バブル経済の崩壊以降も収入が伸び続けていた。「国や企業が私たちの家計を守ってくれる」と私たちが本気で思っていた時代が、まだ続いていたのだ。

ところが、アジア通貨危機が発生し、山一證券などの大金融機関が相次いで破綻した1997年に状況が一変する。国や企業が守ってくれる時代は終わりを告げ、収入は1997年をピークに減少トレンドに突入した。

図表0−2
手取り収入が増えない時代がやってきた

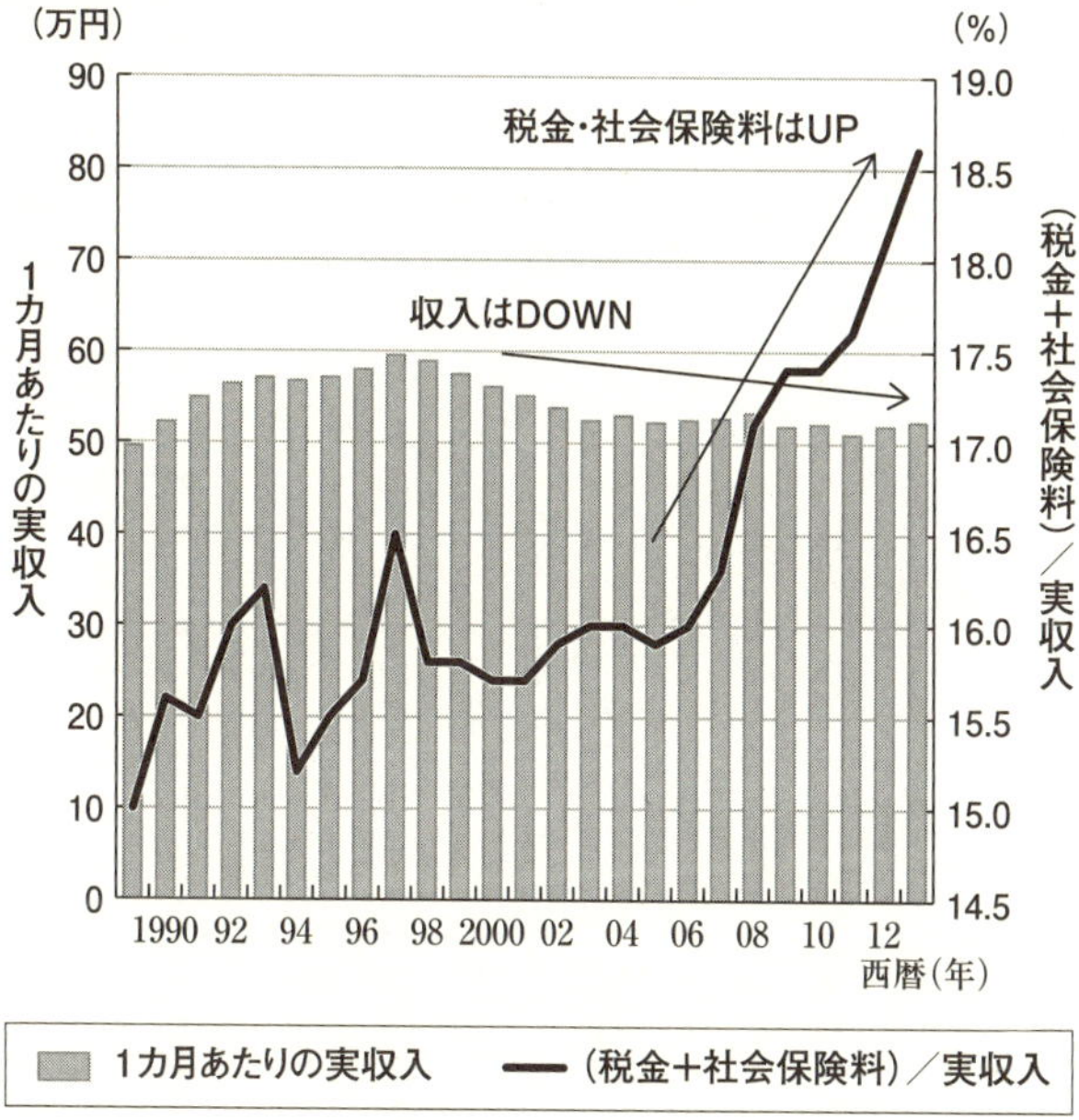

団塊世代の大量退職が終了し、最近ではようやく右肩下がりから横ばいに移行してきた感は出てきている。経済の回復により、一時的に上昇傾向になるという期待はできるが、経済のグローバル化が進む現状を考えると、再び右肩上がりのトレンドに入る期待はしにくい。

収入が少しばかり上昇気配になっても、安心はできない。図表０-２の折れ線グラフに注目していただきたい。収入のなかに占める税金・社会保険料の比率は、かつては15％から16・5％の間を増減していた。景気が悪くなれば特別減税などを実施して景気を刺激し、景気が回復すれば解除することを繰り返していたからだ。

２００８年に発生したリーマンショックによって、猛烈な不景気がやってきたことは記憶に新しいところだ。しかしながら、この不景気に対して政府は減税どころか、税金・社会保険料の負担を上げ、ついに18％を超えてしまったのだ。

私たちの生活実感は、額面の収入から税金・社会保険料を差し引いた「手取り収入」の増減によって左右される。たとえ額面の収入が増えたとしても、手取り収入が減ってしまえば生活は苦しくなる。

日本の財政状態、人口動態を考えると、消費税などの増税、社会保険料の負担増はまだまだ続くことが考えられる。手取り収入が増えにくい時代に突入したと言えるだろう。

3世帯に1世帯は貯蓄がない！　無貯蓄世帯が増加

「どうやったらお金が貯まるようになるのか」

こんな悩みを持つ人は多い。

私たちの「家計の見直し相談センター」に有料相談で訪れる年間６００世帯前後の家族の所得層は、年収３００万円から１億円を超える人までさまざまだ。数千万円以上稼いでいる人からはさすがにこんな質問を受けることはないが、年収１５００万円までの家計なら、所得にあまり関係なくお金が貯まらない悩みを持っている。

前述のように、ごく普通の家庭であっても、教育費やマイホームの購入といった一般的なイベント資金の負担が重く、苦労しているケースが多い。貯蓄が増えるどころか、減るばかりという家計もある。

全国的に見ても、貯蓄がなくお金に苦労している世帯は、おそらく皆さんが想像するよりも増えている。金融広報中央委員会の「家計の金融行動に関する世論調査」（図表０－

３）を見ると、貯蓄を持たない無貯蓄世帯が増加しているのがわかる。「貯蓄なし」世帯は１９９５年には７・９％しかいなかったが、その割合はどんどん増え続け、２０１３年には31・０％になってしまった。つまり、ほぼ3世帯に1世帯は貯蓄がないことになる。

年収の高い層でも、貯蓄がない世帯は多い。年収７５０万～１０００万円未満では18・８％、１０００万～１２００万円の層でも21・０％もの世帯が「貯蓄がない」と回答している。

どうしてこんなことになったのだろうか。

この調査では、「貯蓄が減った理由」も尋ねている。2～4位は「教育費用や結婚費用（33・０％）」「車や家電などの耐久消費財の購入（31・５％）」「旅行、レジャー費用の支出があったから（11・０％）」という大きなお金が動くライフイベントによる支出が理由だ。そして、貯蓄が減った40・９％の世帯が理由として挙げているのが、「定例的な収入が減ったから」だ。

ライフイベントによる出費はお金で苦労するきっかけになりやすいが、しっかり計画して準備すればクリアできる。額面はわずかでも定収入が減ってしまうことは、ボディーブローのようにジワジワと確実に響いてくるので、最も恐ろしい。

図表0−3
ついに3世帯に1世帯が貯蓄なし世帯に

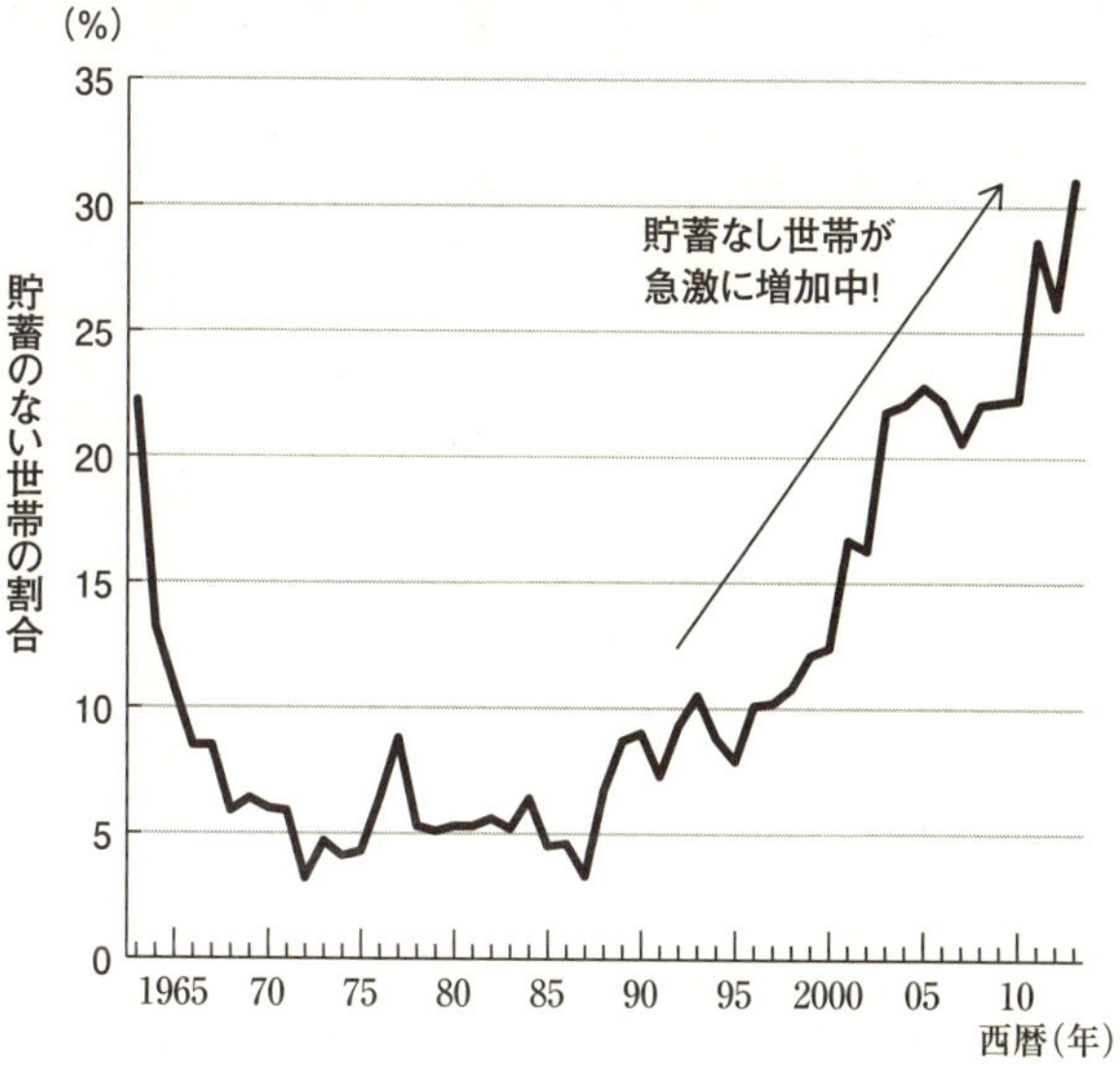

金融広報中央委員会「家計の金融行動に関する世論調査」

まとまったお金のことを「先立つもの」と言ったりするが、貯蓄があれば、突然収入が急減するといったピンチに立たされても、しばらく持ちこたえることができる。その間に、別の収入口を探したり、その資金を元手に自分でビジネスを立ち上げたりといった「次なる手」を打つ余裕ができる。日ごろからしっかりと金融資産をつくっておくことは保険にもなるし、なにより人生のリスクを大きく減らすことにつながるのだ。

「金持ちほどケチ」は本当か

私たちが診断してきた2万世帯を超える家計を分析すると、家計のタイプは大きく3つに分類できる。「金持ちスパイラル」「貧乏スパイラル」「中流層」だ。

「金持ちスパイラル」に入っている家計というのは、数は少ないが、「世の中は金持ちが儲かるようにできている」という言葉をまさに地で行くようなケースだ。

彼らは投資できる金額が大きく、得られる家賃収入や配当収入等だけでも十分生活できるほどの利益があることが多い。さらに働いて収入を得たりするので、お金がどんどん増えていく。その増えたお金を投資に回し、さらにお金が増えていく。堅実な人も多く、お金があっても邪魔にはならないけれど、特に使うあてもない、という人もいる。

こうした人たちがなぜ家計の見直し相談に訪れるのか、不思議に思われるかもしれないが、実際のところ、お金持ちほどお金にシビアなのだ。健康すぎるほど健康な家計であっても、もっと健康になろうと知恵を働かせる人が多い。お金のフィットネスクラブのようなものだ。お金を失うことを嫌い、節税や相続税対策にもとても興味を持っている。十分な資産や収入があっても、無駄に使うお金をなくそうと、さらなる努力を重ねているのだ。

よく「金持ちはケチだ」と言われる。おそらく、この言葉はあまりいい意味で使われてはいない。しかし、プロの目から見れば、お金にシビアだからこそ、金持ちになれるのだ。

例えば、不動産を買うとき、普通の人は何の疑問も持たずに、売主の言い値で買うことが多い。ところが、お金持ちは値下げ交渉を忘れない。結果的に言い値で買うことになるかもしれないが、少しでも値下げに成功すれば、百万円単位で違いが出てくることを知っているからだ。

自分が「金持ちスパイラル」に入っている家計かどうかを確かめるには、明日から自分や家族の誰もが働かなくても、十分生活ができるか考えてみるといい。それでも資産が増え続けるのであれば、完全な「金持ちスパイラル」だ。

いったん「金持ちスパイラル」に入った家計は、浪費癖のある家族がいたり、他人に財産を狙われてだまされるなどしない限り、どんどん金持ち度が加速していく。

一度入ると脱出が難しい「貧乏スパイラル」

この「金持ちスパイラル」と真逆にあるのが、「貧乏スパイラル」に入ってしまっている家計だ。毎月の返済額やクレジットの支払額がどんどん増えていき、最後には生活が破綻してしまう。収入の多い、少ないにかかわらず、ローンを組んで物を購入するなど、先に借金をしてから消費活動を行う人たちが陥ることが多い。この「貧乏スパイラル」から抜け出すことは、非常に難しい。

近年、働いても働いても生活が豊かにならない「ワーキングプア」と呼ばれる低所得者層が増えている。働いているのに生活保護水準以下の収入しか得られない世帯は、日本の全世帯の5分の1ほどと言われる。企業が人件費削減のために正規雇用を減らし、賃金の安い非正規雇用を増やすことによって、こうした低所得者層は一層拡大していく。

さらに、こうしたスパイラルは、自分たちの世代だけの問題ではない。格差は固定され、子どもにも影響を与えてしまう。お金がなければ、子どもに満足な教育を受けさせることができない。日本では、教育の水準が高いほど、平均所得は高くなる傾向にあるため、お金に苦労する家庭の子どもは、やはりお金に苦労する可能性が高い。「貧乏スパイラル」は、世代から世代へと再生産されて、階層が固定してしまう恐れがある。

「中流層」の高収入世帯が危ない？

　ほとんどのサラリーマンは、「金持ちスパイラル」と「貧乏スパイラル」の中間に位置する「中流層」というカテゴリーに入るだろう。生活が苦しかったり、余裕があったりと、家計状況にある程度の違いはあるものの、何とか生活をしていける一般的な家計だ。

　中流層の家計は、「幸せな中流」と「不幸せな中流」に分けられる。それは収入の多寡で決まるのではない。収入が少なくても質素に生活し、決して余裕があるわけではなくても、普通に幸せに生活している家計も多い。それが「幸せな中流」だ。

　多くの人はこの層にいることが心地よく、その生活に満足している。そして、この層から「貧乏スパイラル」には陥りたくないと思っている。「金持ちスパイラル」に憧れはあるものの、具体的な努力をしている人はほとんどいない。

年収が７００万円を超えてくると、都心にマンションを購入したり、高級車に乗ったり、派手な生活を好む人が多くなる。周囲からは「お金持ち」と思われているが、実際はやりくりに苦労していることが非常に多い。水面を泳いでいる白鳥と同じで、優雅に生活しているように見えても、水面下では借金したり、親から援助してもらったりしているケースは想像以上に多い。パソコンや電化製品を揃えたい、旅行にも行きたい、趣味も持ちたいとなると、それほど贅沢をしている意識はなくても、７００万円程度の年収では、あっという間に消えてしまう。

「他の人より収入が多いはずなのに、お金がなかなか貯まらない」という高収入・低貯蓄の家計は要注意だ。今は収入と支出がバランスして貯蓄ができている人でも、リストラなどで収入がいきなり減少することもある。こうした事態になっても、一度高くなった生活レベルはなかなか下げられない。そのため、もともと収入の高かった人ほど、収入が下がったときに、「貧乏スパイラル」に陥りやすい傾向がある。

それだけではない。「高収入・低貯蓄」の家計は、老後資金で苦労する。老齢基礎年金は保険料を支払った年数に比例するだけで、報酬の多寡は関係がない。一方で、老齢厚生年金は、報酬にも比例するものの、計算に使われる報酬には最高額が決まっており、それ以上の報酬をもらっていても年金額は頭打ちだ。現役時代の所得が高い人も低い人も、もらえる公的年金にはさほどの差がないのだ。

例えば、40年間サラリーマン生活を送り、その間の平均年収が５００万円であれば、もらえる公的年金は年間２００万円程度だ。一方、平均年収が１５００万円の人でも年間３００万円程度。年収が3倍でも、もらえる年金は１・５倍程度にしかならない。

年収１５００万円だった人が、月25万円程度の年金だけで生活できるとは思えない。生活レベルが高い人ほど、多くの老後資金を用意しておかなければ破産する。

収入が７００万円を超えると、いろいろなことができる、と憧れる人も多いかもしれないが、実際にはこの程度の収入では、生活レベルの高さと貯蓄は両立できないのだ。中途半端な金持ちで慢心せず、家計管理を怠ってはならない。

何とかやっていける時代は終わった

バブル経済の崩壊前までであれば、前出の不破さんのような中流層の家計は、お金に苦労せずに幸せに暮らせただろう。少々の失敗も、右肩上がりの給料がカバーしてくれたので、健康そのものの家計だったはずだ。

教育費の負担と老後資金不足だけではない。年金制度の行き詰まり、医療費の負担増、消費税アップをはじめとした増税などなど、これからの日本の環境を考えると、家計に潜む「病気」が自然に治るとは考えづらい。病気はどんどん進行し、最後は家計を破産させてしまうだろう。

サラリーマンの意識は変わりつつあるが、まだまだ「給料は毎月振り込まれるもの」と安心している人は多いだろう。ところが、もはやサラリーマンの給料が上がる保証もなければ、ずっと勤め続けられる保証もない。一流企業のサラリーマンからも、リストラされた、ボーナスをカットされた、給料が減少した、といった相談が数多く寄せられている。

会社に人生を丸ごと拘束される代わりとして、サラリーマンは保証を得てきた。にもかかわらず、会社は「無理に拘束しないよ」と言い始めている。現在は安定している会社でも、10年後、20年後も同じように安定しているかどうかはわからないし、生き残るのに必死になっているかもしれない。

あなたは退職まで、今のまま会社に勤めていることができるだろうか。勤めたいと思っていても、勤めさせてくれるとは限らない。時代は昔よりも速く大きく動いているのだ。

例えば、「給料を半分削減する」と言われたら、あなたの家計はどうなるだろうか。そんなことは考えたこともないだろうが、実際にそういう相談をいくつも受けている。普通は、長く持ちこたえることはできない。

「明日から会社に来なくていい」とリストラされたらどうだろうか。もしくは、自分から会社を辞めると考えてもいい。他の会社に現在よりもいい条件で転職できる自信はあるだろうか。若い人ならともかく、35〜40歳を過ぎると転職は難しく、前職より給料が下がるケースが多くなる。中高年の人には、１年以上の長期にわたって転職活動を続けても職場が見つからないケースも多い。

転職ではなく、いっそのこと独立して起業しようと考える人もいるだろう。ところが、残念ながら、サラリーマンが独立して成功する例はそれほど多くない。独立して初めて、サラリーマンが恵まれていたことを知ることになるのだ。

住宅ローンを借りようとして断られる。それどころか、クレジットカードを作ろうとしても断られる。車でもなんでもローンで簡単に買えるサラリーマンとは大違いだ。

もちろん、借りるほうとしても、独立すると収入が不安定なので借りられるかということとだけでなく、返せるのかどうか、必死でそろばんを弾くことだろう。
サラリーマンは、「安定した収入」を会社から保証されることで、社会的に優遇されてきているのだ。恵まれすぎているから、家計のリスクに鈍感になってしまった。

少々苦しくても何とかやっていける時代は終わった。働いても働いても楽にならず、ついに力尽きて破産する、中流層崩壊の時代が始まっている。

「貧乏スパイラル」のところで述べた「ワーキングプア」は、若者だけでなく、会社を不本意に辞めざるを得なかった元サラリーマンが陥るケースも多い。転職をと思ったとき、目の前にあるのは、非正規雇用の低賃金労働だ。ワーキングプアの拡大は、中流層の崩壊と呼応している。

１９６０年代半ばから１９９０年代の半ばまで、「貯蓄なし」の世帯は10%を切っていた。「一億総中流」と言っていた時代だ。わが国の黄金の30年と言ってもいい。分厚い中流層が存在したダイヤモンド型の社会だ。ところが、手取り収入が増えにくい時代となり、中流層の崩壊が進んだことで、社会の主流は「貧乏スパイラル」に入った家計となりつつある。わが国の家計を分析すると、ダイヤモンド型の社会からピラミッド型の社会へと移行しつつあるのだ（図表0－4）。

図表０−４
ダイヤモンド型からピラミッド型の社会に

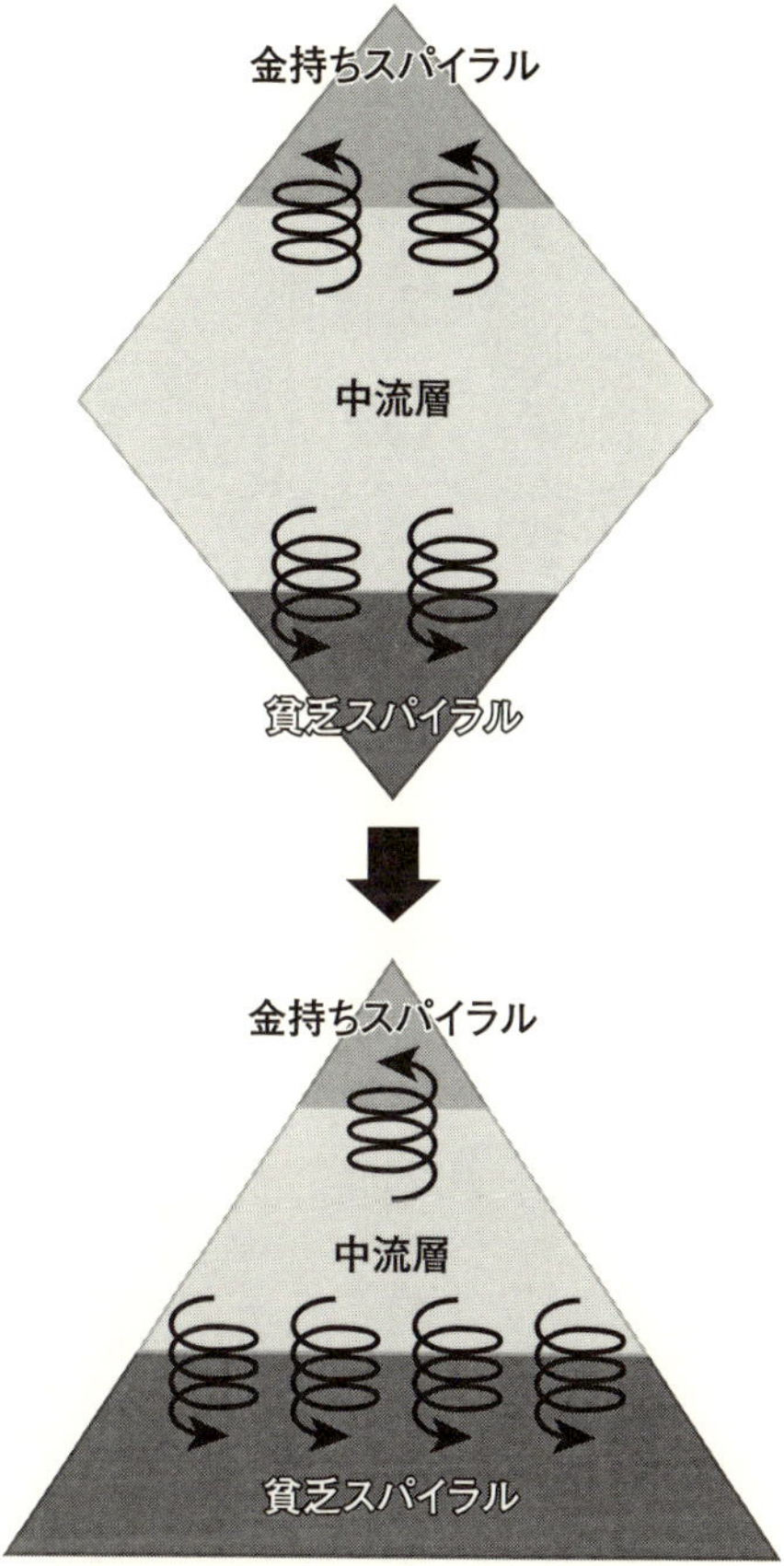

家計のリスクを並べ立てたので、暗い気持ちになってしまったかもしれない。しかしながら、これらは人生をネガティブに考えてもらうために書いたのではない。リスクを想定して対策を立てれば、あなたの家計の体力を高めることができるからだ。

例えば、今この場で大地震が起きたら、あなたはどうなるだろうか。建物の耐震性は？　避難経路は？　防災用品の準備は？　家族との連絡方法は確認しているか？　大地震ともなると運不運もあるだろうが、しっかりと備えをしておけば、家族を守る確率を高めることは十分可能だ。

家計も同じだ。何か起きてから慌てるのでは遅い。これからの時代を生き抜くために頼りになるのは、会社や国ではない。あなた自身の力なのだ。

これから章を追って、成功する貯蓄術やライフプランづくり、家計の見直し、収入を増やしていく方法などを述べていきたい。

第1章

なぜお金が貯まらないのか

となりの家計はどうやって貯めているのか

となりの家族の生活ぶりを見ていると、とても余裕があるように思えて、自分たちはこんなに大変なのに、一体どうして、とボヤきたくなることもあるだろう。

けれども、となりの家は、本当に収入が高く余裕があるのだろうか。表面上はスイスイと泳いでいるように見えても、水面下ではやりくりでバタバタしているかもしれない。

以前、ある会社で約30世帯の家計診断を担当したことがある。診断したのは、同じ事業所に勤める世帯。多くが同じような年代で、年収帯もほぼ同じだった。

診断をして、興味深いことに気がついた。属性で見ると、同じようなファミリーであるにもかかわらず、試算をしてみると、30年後の家計の姿が大きく違うのだ。

あるファミリーは、数年後には貯蓄が尽きて、30年後には３０００万円を超える借金をしないと、家計は破綻するという診断となった。その一方、どんどん貯蓄が増えて、30年後には1億円を超えるようなスーパーファミリーもいた。

同じ職場で同じように働いた者の間でも、こうした格差が発生してしまう。実際に診断して、同じような属性であっても、ここまで家計に差が生じてしまうことに正直驚いた。

詳細に分析してみると、収入が多くてもお金で苦労する家計の理由がかなりはっきりと浮かび上がってきた。多くの場合、消費行動が衝動的で、計画性に乏しいのだ。

先ほどの、30年後に３０００万円ものマイナスが出たというケースも、

「近所を散歩していたら、オープンルームをやっていた。見学したら、気に入ったので申し込んだが、買っても大丈夫だろうか」

という相談者からのものだった。

明らかに家計の体力を超えた物件を選んでいて、頭金も十分に貯められていない状況で、目いっぱい住宅ローンを借りる予定だという。住宅ローンの返済額も、現在の家計から考えると、ギリギリ返せる範囲。数年後から子どもの教育費が膨らみ、家計が悲鳴を上げるのは目に見えている。これでは、住宅購入後のわずか数年後には、住宅ローン以外にも借金を抱えなくては生活ができない状況に陥ってしまう。老後資金を貯めるどころか、教育費を支払うこともできなくなってしまうのである。

このままライフプランを実現するには、収入が大幅に増える、宝くじが当たる、といった神風でも吹かない限り、家計のやりくりは難しそうだ。

特に教育や住宅といった高額なお金が必要なライフイベントに際して、このように衝動的に行動してしまうと、お金で苦労することになりやすい。

驚くほどお金が貯まる家計の秘密とは

一方で、先ほど述べたように、退職までに1億円貯まってしまう家計は確かに優等生だが、それほど例外的なケースというわけでもない。

これまでに何世帯もの、しっかりお金の貯まるスーパー家計を診断してきた。収入が特別高いわけでも、相続で大金が入ったわけでもないのに、なぜか驚くほどお金が貯まる家計は意外と多く存在する。平均的な年収であっても、自宅を購入したうえ、1億円以上の貯蓄を実現することは不可能ではない。

そういう家計には、いったいどんな秘密があるのだろうか。

簡単に言うと、**支出が少ない**のだ。

というと、「なあんだ、節約か」という声が聞こえてきそうだが、**節約をなめてはいけない。スリムに暮らす生活術を身につけるだけでも、お金に困ることは少なくなるうえに、**

これだけの貯蓄ができる。節約のパワーは想像以上にスゴイのだ。

節約といっても、日々細々と食費を削って、家族4人で月1万5000円以内にしなさい、といったことではない。ただ切り詰めるだけなら、頑張れば1カ月ぐらいはできるかもしれないが、それでは長続きはしない家庭が多いだろう。

要するに、お金の使い方を意識的にする、ということだ。同じお金でも、使う人によって大きく価値が変わる。同じ1万円でも、何も考えずにただ浪費している人と、常に効率的なお金の使い方を考えている人では、貨幣価値が何倍も違ってくる。浪費癖のザル家計では、いくら稼いでも将来苦しむことになる。

車の運転でも、アクセルの踏み方よりも、ブレーキの踏み方を覚えるほうが重要だ。人生は長い。お金で苦労しない人生のためには、お金の使い方こそが重要なのだ。お金の使い方を知っている家計が収入を増やすことができると、まさしく理想的な家計になる。

「お金は寂しがり屋」という言葉がある。お金は、お金のあるところに集まる、つまり、お金持ちほどお金が集まってくるという世の中の仕組みのことを表現している、とされる。しかし、多くの家計を見ていると、決してそれだけではないことがわかる。

お金のことをほったらかしにせずに、よく考えて、マメマメしく手間をかけている家計ほどお金は貯まり、将来への不安も少なくなる。

昭和の家計になっていないか

「贅沢をしているつもりはないが、お金が貯まらない」

つい、そんなグチをこぼしてしまうことはないだろうか。もしもそうなら、あなたの家計は「昭和の家計」だ。

昭和の家計の特徴を式にすると、次のようになる。

収入－支出＝貯蓄

つまり、入ってきた収入から使ったお金を差し引いて、お金が残れば、それを貯蓄するという家計だ。

かつてのように、右肩上がりに収入が増えた時代であれば、この家計管理法でも十分生活できた。子どもの教育費などの負担が増えても、それに呼応するように収入が増え、家計をやりくりできただろう。右肩上がりに収入が上がる時代には、一生懸命仕事をしさえすれば、家計についてはあまり頭を使わなくても、普通の生活ができたのだ。

ところが、手取り収入が増えないどころか減少する時代となり、この家計管理ではやりくりが難しくなってしまった。収入が減っていくことで、普段通りの生活をしているだけでは貯蓄ができなくなり、それどころか貯蓄を取り崩さざるを得なくなってしまう。手取り収入が増えにくい時代には、それにあった家計管理法が求められているのだ。

貯めベタ家計は「やりくり費」から削る

節約をするときの家計の行動を考えるには、「あなたの給料が明日から３割カットされるとしたらどうするか」を考えてみるといい。このように、収入が減少したときの家計データを分析すると、消費行動をとらえやすい。

ここで、一般的な傾向を見るために、家計の実収入のピークとなった１９９７年と、当面のボトムとなっている２０１１年の消費支出の傾向を、「家計調査」（図表１－１）で見てみよう。

月あたりの収入は、1997年が59万5214円、それが、2011年には50万9973円にまで減少している。実に14%以上の減少だ。

これだけ収入が減少するなか、家計はどのように変化したのだろうか。それぞれの費目を見渡してみると、減っている費目だけでなく、増えている費目も見つかる。

減っている費目の中でその割合が顕著なのは、食料、家具・家事用品、被服及び履物、その他の消費支出といったものだ。最も衝撃的なのが、その他の消費支出だ。この中の主なものは「小遣い」だ。この14年間で、なんと29%も減っている。確かに、家族で家計を見直す相談をすると、お父さんの小遣いは常に槍玉に挙がりやすい。

逆に増えている費目は、水道光熱費、保健医療費と交通・通信費だ。まず、水道光熱費は1バレル20ドル前後だった原油価格が、この間に70~100ドル程度まで上昇したことが反映している。また、保健医療費は健康保険制度の改正により、自己負担割合が2割から3割に上昇したことなどが影響しているものと思われる。今後もこうした自己負担増は覚悟しておかなければならないだろう。さらに、通信費は携帯電話やインターネットの普及に伴うものだ。

こうした分析から、一つのことがわかる。家計の見直しを考えるとき、多くの家計では

図表 1－1
収入減少時代の家計の変化（月あたり）

	1997年（円）	2011年（円）	増減率
実収入	595,214	509,973	−14.3%
消費支出	357,636	308,524	−13.7%
食料	79,879	68,416	−14.4%
住居	24,114	21,633	−10.3%
水道光熱	20,841	21,700	4.1%
家具・家事用品	12,599	10,390	−17.5%
被服及び履物	20,264	13,100	−35.4%
保健医療	10,386	10,867	4.6%
交通・通信	41,552	45,439	9.4%
教育	19,162	18,568	−3.1%
教養娯楽	34,295	31,257	−8.9%
その他の消費支出	94,543	67,154	−29.0%
税金・社会保険料	98,179	89,579	−8.8%

総務省「家計調査年報」

食費や家事用品費、小遣いといった「やりくり費」から削られるということだ。やりくり費とは、簡単に言うと、財布から出ていくお金のことを指す。このやりくり費を削ることは、生活レベルの低下を強く意識させられることになる。

例えば、「明日から食費を半分にしよう」とか、「お父さんの小遣いは来月から半分ね」なんて言われたら、どう思うだろうか。お父さんだって、「俺はこんなに働いているのに、何だ！」と、働く意欲を失ってしまうかもしれない。

会社で言えば、業績が悪くなったから、社員の給料を真っ先に削るというようなものだ。もし経営者が努力もせずにそんなことをしようものなら、社員の暴動が起きてもおかしくない。ひとたび収入が減少し始めると、生活実感がどんどん悪くなり、追い込まれていくのが、昭和の家計の特徴なのだ。

お金が貯まる家計の方程式

多くの家計は苦しくなると、やりくり費からカットしがちだが、ちょっと待ってほしい。もっとよいやり方はないのだろうか。

私たちはこれまで、数多くの貯め上手さんたちを見てきた。貯め上手さんたちは、これだけ厳しい経済環境の中でも、上手にやりくりを続けている。外から見ていると、家計についてのストレスを抱えているようには見えない。どんな秘訣があるのだろうか。

例えば、奥様系雑誌では、全国のいわゆる「カリスマ主婦」の取材をすることが多いが、驚くべきハイレベルの貯め上手さんたちだ。その家計に対する考え方を式にしてみると、みな同じような考え方で家計を管理していることに気づく。彼女たちの考え方は、「お金が貯まる家計の方程式」と言ってもいいだろう。その方程式は次のようなものだ。


収入－将来のための貯蓄－固定費＝やりくり費

今月入ってくる収入を予測し、将来のライフプランを考えて、現在貯めておかなければならない貯蓄を先取りする。そして、今月引き落とされるであろう固定費を口座に残すと、今月使えるやりくり費が残る。

このやりくり費は、決して余裕のある金額が残るわけではないが、この範囲内で生活ができなければ、すなわち将来のライフプランが実現できないことを意味する。だからこそ、どうすればやりくり費の範囲内で生活ができるかに、一生懸命知恵を絞ることになる。

この家計の方程式には、昭和の家計と大きく異なるポイントが二つある。

一つ目は、貯蓄の優先順位だ。昭和の家計は、お金が残れば貯蓄に回すという考え方だ。だから「貯まらない」と悩むことになる。**貯め上手さんたちは口を揃えて、お金は「貯まる」ものではなく、「貯める」ものだと言う。**だからこそ、**優先順位を一番高めて、先取りしてしまうのだ。**

そして**二つ目だが、昭和の家計では家計を「過去形」で考えているが、貯め上手さんの家計はすべて「未来形」で考えている。**こういうライフプランを実現したいから、今これだけ貯める。今年は何月に何をしたいから、今こうやりくりする。今月は何日に食事会をするから、今週の予算は少なくする。といったように、**長期から短期の視点で、将来こうだから、今こうする、と将来を見通しながら家計管理をしているのだ。**

昭和の家計から、いきなり貯め上手さんの家計に変革するのは、簡単ではない。だが、厳しい時代を生き抜くには非常に有効な方法なので、その考え方を少しずつでも取り入れていくべきだろう。

貯め上手家計は固定費から削る

お金の貯まる家計の方程式に基づいて家計管理をしていても、手取り収入が減ってくれば家計が苦しくなることに変わりはない。こんなとき、貯め上手さんが、まず目を向けるのが「固定費」のカットだ。

出ていくお金には、財布から出ていく現金と、通帳などから定期的に引き落とされていくお金があるが、後者を「固定費」という。やりくり費と違い、固定費は削っても生活レベルが下がりにくい。しかも、やりくり費は毎日継続的に努力しなければカットできないが、固定費は一度削れば、長期間苦労せずに効果が持続する。

まずは固定費を徹底的に削り、それでもダメとなったときに、次の段階として、やりくり費に手をつけるようにしたい。そうすれば、最初から手をつけるよりは削り方も少なくて済むはずだ。

会社が経営をリストラする際には、稼働率の低い工場や店舗の整理統合を真っ先に進めるだろう。まさに固定費の削減だ。固定費を下げることで、収入や売り上げの増減に強い体質をつくることができる。こうした企業経営の知恵を、家計にも積極的に取り入れたい。家計における固定費と言われて思いつくのは、家賃や住宅ローンなどの住宅費用や教育費、光熱費などだろう。

これ以外にも、保険料や自動車関連費、通信費など、毎月出ていく固定費というのは結構あり、工夫次第で大きく削れるものだ。

例えば、生命保険なら、１世帯が支払う保険料は一生涯に１０００万円以上ということは当たり前にある。生命保険文化センターの生命保険に関する全国実態調査によると、１世帯あたりの年間支払保険料の平均は40万円を超えている。単純に30歳から60歳の30年間だけで考えても、１２００万円を超える生命保険料を支払うことになる。

保険のＣＭでは、「月額３０００円で手厚い保障！」などとさかんに宣伝している。だが、一生涯に支払う額を計算すると、膨大な額になることを意識したことがあるだろうか。保険も見直すことで、大きく固定費を削ることができる（詳しくは第4章を参照）。

自動車も意識されることがあまりないが、非常にコストのかかる乗り物だ。グレードにもよるが、一生涯で数千万円のコストを払うことになる。

前出の「家計調査」を見ると、支出が増えた費目に通信費がある。総務省の調査によると、携帯電話の世帯普及率は、1997年には50%弱だったが、2012年末では94・5%にまで伸びている。いまや一人一台どころか、一人で何台も使っている人もいるだろう。

この携帯電話は実に金食い虫だ。とはいえ、一度使い始めると、その便利さゆえに手放すのは難しいだろう。ただ、解約しなくても、さまざまなプランのうち、自分に合ったものを選ぶだけで、通信費を大幅に減らすことができる場合もある。

ライフプランと家計簿は貯蓄の両輪

お金を貯めようと思ったとき、多くの人は「家計簿をつけよう」と考える。確かに、家計簿をつけることで無駄が少なくなるのは事実だ。ところが、**家計簿だけでは、なかなかお金に困る生活から抜け出すことはできない。**

何が足りないのか。それは、「いつまでに、いくら貯める」という目標だ。それによって、今年の貯蓄目標額、今月の貯蓄目標額とより具体的になる。ここまで具体的になれば、収入から貯蓄分を先に差し引き、残りのお金で生活すればいいのだ。

同じ節約でも、目標があるのとないのとでは、モチベーションに大きな差が出てくる。

節約はつらい作業だが、なぜ、何のためにという目標があることで、前向きに取り組むことが可能になるのだ。

この「いつまでに、いくら貯める」という目標は、将来のライフプランからはじき出されなければならない。ライフプランとは「○年後に何をしたい、どうなりたい」といった希望や目標のことだ。例えば、子どもの教育や住宅のプランのようなものだ。

よく「５年後までに１００万円貯める！」といった目標を立てている人もいるが、本当にそれで足りるのだろうか。このような目標は、現在の家計の収支から考えると、だいたいこのくらい、といった漠然とした目標であることが多い。

実際には、５年後には貯蓄を５００万円貯めないと、ライフプランを実現できないかもしれない。自分では頑張って貯めているようでも、まだ甘いということだ。収入は限られているのだから、もっと戦略的に、もっと効率的に準備しなくてはだめだ。

家計を企業の財務と同じように考えてみると、家計簿の役割が明確となる。企業では中長期的な経営計画を立案し、数年後までの売り上げや利益目標を立てる。これを達成するために各年度の営業計画や予算案がつくられていく。

「ライフプラン」は、いわば長期的な家計の経営計画だ。この経営計画を実現するために、予算を立て、家計簿で予算が実行できているかどうかを確認すればいい。予算に基づいた家計簿は、「決算書」となる。一方で、目標や予算のない家計簿は、お金の日記帳のようなものと言ってもいいだろう。

計画を立てて、確認する。予算と決算。この地道な積み重ねこそが、未来の貯蓄となって大きく実るのだ。

やりくり費の管理はこうする

固定費を削ったら、最後に日々のやりくり費の管理に取りかかろう。

チリも積もれば山となる。１００円、２００円といった小銭であっても、できれば無駄なく、気持ちよく使いたいものだ。

「気がついたら財布にお金が入っていない！」「自分の財布にいくら入っているのかわからない」ということはないだろうか。これは、やりくり費の管理がずさんな証拠だ。

奥様向けの雑誌を見ると、やりくり費の管理の方法をたくさん見つけることができる。人気のある管理法としては「袋分け」「レシート貼り付け」などの方法がある。

実は私も正直なところ、やりくり費の管理が苦手だ。苦手だからこそ、簡単にできる手法でなくては続けられない。簡単だが効果の出る、私が実践している手法を紹介しよう。家計簿をつけずに、財布の中に入っているお金だけを管理する方法だ。

まず、収入から目標貯蓄額や固定費を差し引き、1カ月に使えるやりくり費を把握する。そのやりくり費を1カ月の日数で割ってみよう。それで1日に使える予算が計算できる。その7倍が1週間で使える予算になる。

例えば、1カ月に使えるやりくり費が9万円としよう。1カ月が30日の月であれば、1日あたりの予算は3000円、1週間あたりの予算は2万1000円と計算できる。

この予算を1週間ごとに使い切ればいい。月曜日に使ったお金が1500円なら、その日の予算が1500円余る。次の日に4000円使えば、その日は1000円の赤字だ。前日の余りと合わせると、まだ500円予算が余っている計算となる。

同様に繰り返して、金曜日には予算が6000円余ったとしよう。平日に節約して余った予算は、週末家族で楽しむために使えばいい。ちょっと遠出したり、外食したりするのもいい。先に目標貯蓄額は取ってあるので、予算を余らせる必要はない。週末に楽しむために平日に節約するなど、メリハリをつけて生活を楽しもう。

毎日、財布にその日の予算を追加して入れ、日曜日に財布が空になるように管理するのもよし、月曜日に1週間分まとめてATMで引き出し、財布に入れて管理してもいいだろう。まとめて管理する場合には、1日の予算を常に頭に入れておくことを忘れないようにしよう。

もしも、思わぬ大きな出費があった場合には、翌週以降の予算を減らして、1カ月単位で帳尻が合うように管理して対応したい。そうしなければ予算とのズレが生じ、目標貯蓄額が達成できない。つまり、ライフプランを実現できなくなる。

カレンダーにその日に使った金額だけをメモして管理するのもいいだろう。冷蔵庫の扉にでもカレンダーを貼って、予算と実績が確認できるようにしておけば、家計の透明化にもつながる。独身の人や、自分のお小遣いの管理であれば、スケジュール管理に使っている手帳に、その日に使った金額をメモして管理してもいいだろう。

家計管理は地道でつらい作業だからこそ、できるだけ簡単に負担のない方法で管理したいところだ。ぜひ試してみていただきたい。

お金の貯まる家計をつくる5つの法則

ここで、数多くの家計診断をする中で出会った、収入が普通なのにお金の貯まる貯め上手さんの特徴をまとめてみたい。

それぞれ特徴があるのだが、家計管理の中に成功法則があることに気がついた。これらは当たり前のように思えるかもしれないが、意外に気づかない習慣だ。これらの習慣を真似しない手はない。あなたの家計の習慣と貯め上手さんの習慣の違いをまずは認識してみよう。

収入を上げようとすると大変だが、家計管理次第であなたの将来を変えられるかもしれない。次の5つの法則を習慣として身につけ、ぜひ家計の勝ちパターンとしてほしい。

(1) 将来のイメージを明確に持っている

貯め上手さんは、将来のライフプランを明確に描いている。例えば、車の購入予定から、子どもの教育プラン、退職年齢などについて質問をすると、明確に答えることができる。しかも、夫婦どちらに質問しても、答えにブレがない。ライフプランは家計の経営計画だ。

この経営計画が家族に浸透しているのだから、家計管理も万全だ。

　これまでライフプランを考えたことがない人も、まずは家族で話し合ってライフプランを描いてみよう。

(2) 貯蓄の優先順位が高い

　貯め上手さんは、収入からあらかじめ将来に必要なお金を差し引く。そして残ったお金で生活できるよう工夫をしている。つまり、あらかじめ立てた予算案にしたがって、家計が運営されているのだ。

　将来のお金としてどれだけ取っておけばいいか、残ったお金で生活するためにはどうすればいいか、生活の知恵を身につけよう。

(3) 比較検討を徹底している

　車や家電を購入する際には、いろいろな会社の商品を一生懸命比較検討するだろう。食料品や日用品を買うときでさえ、チラシ広告を並べて比較しているかもしれない。同様に、生命保険などの金融商品や住宅を購入する際にも、しっかり比較検討しているだろうか。

貯め上手さんの多くは、大きなお金が動くときや長期間お金を支払う商品ほど、真剣に比較検討する傾向がある。1割でも安くできれば、その分、節約できる金額が大きいことを、よく知っているからだ。

(4)ためらわずに行動する

貯め上手さんは、自分で情報を収集し、自分で判断を下すことができる人が多い。自分にとって有効だと判断できれば、ためらわずに行動する。行動すれば失敗することもあるが、失敗を将来の糧にするたくましさを持っている。勉強しただけで行動しなければ、家計は永遠に見直せないのだ。

(5)長期的に考える習慣を持っている

貯め上手さんは、大きなお金がかかるイベントも事前に予測し、事前にお金を準備している。予期しない状況になっても、将来を見通して考え、現在の状況がどの程度続くのか、影響の度合いは、といった状況判断のもとに、冷静に対応する。**短期的に楽になることよりも、長期的に楽になる対応を選ぶ傾向がある。**

第2章

すべては計画、ライフプランづくりから始まる

計画なくして、貯めることはできない

お金を貯めるために、必要なものはなんだろうか。

節約テクニック？　人並み外れた運用テクニック？　もちろんそれらもあるに越したことはないが、最初に必要なのはなんといっても「計画」だ。

第1章で述べたように、さまざまな家計のお金の貯め方を比較してみると、確かな資金計画がなく、入ってきた給料を引き出しながら生活し、余ったお金を貯蓄している家計が多い。それでは、ついズルズルとお金を使いがちになる。右肩上がりに給料が上がる時代か、よほど収入が高くなければ、お金がどんどん貯まることはない。

その一方、お金がどんどん貯まっていく家計は、しっかりした資金計画を持っていることが多い。

資金計画はまず、ライフプランづくりから始まる。「いつ」「何に」「いくら」お金が必要なのかを予測する。死ぬまでにいったいいくらお金が必要か、あなたはすぐに答えられるだろうか。人生のライフイベントを一つひとつ積み上げて計算してみると、自分の生涯

に必要な額の概算がわかる。

それをもとに、貯蓄目標をつくればいい。 漠然と「5年で１００万円くらい貯まれば……」というのとは、意識がまったく違うことに気がつくだろう。

家計管理の問題には、技術の問題と心の問題が存在する。私たちファイナンシャル・プランナーは技術面を期待されているが、それだけではなかなか解決しない。心の問題が非常に大きいからだ。イメージとしては、技術が3で、心が7というところだ。ライフプランを立てることは、心の問題の解決に非常に役立つ。

ライフプランから具体的な貯蓄目標を割り出して、収入から差し引く。ライフプランを実現するための大事なお金を、先に取っておく。さらに固定費を引き、残ったお金をやりくり費として日々の生活に充てる。もしも、計算したやりくり費では生活できないのであれば、ライフプランの実現は無理ということになる。

このように家計を管理できれば、収入の範囲で生活するクセをつけることができるだろう。家計は家族全員の問題だ。年に一度は、1年の予算づくりと、前年の決算報告のために、家族会議をすることをおすすめする。

「家の購入計画」「子どもの教育方針」といった前向きで具体的な目標を家族で共有でき

れば、節約も楽しく前向きなものに変わっていく。財布からお札を出すときにも、「ちょっと待てよ」と自制が利き始める。こうしたことが日々繰り返され、目標貯蓄額を毎月達成していく。やがて、残ったお金で生活することが、家族にとっての当たり前になっていく。まずはここまで頑張ることだ。

ライフプランの実現のためには、「余ったお金を貯蓄する家計」から、「残ったお金で生活する家計」への転換が必要だ。いまや、お金は「貯まる」時代ではなく「貯める」時代なのだ。

ライフプラン作成の手順——不破さんを例に

ライフプランは、現役時代とリタイア後の2段階に分けて考えてみるといい。

①現役時代のイベント資金をまとめる（【ライフプランシート】に書き込む）
②リタイア後の生活費やイベント資金を計算する（【老後資金計算シート】に書き込む）
③①と②を合算し、生涯に必要な積立額を算出する。

という手順だ。
　では、序章のモデルとなった不破さんを例に、ライフプランづくりの手順を見ていこう。

【① 現役時代のライフイベント資金】（ライフプランシート）

　次ページの不破さんのライフプランシートを見てほしい（図表2－1）。パソコンの扱いに慣れている人であれば、エクセルなどの表計算ソフトを使って、同様のシートを作成してみよう。ライフイベントにかかる費用を自動的に計算できるし、何度も作成し直せるので便利だ。あるいは、ノートや白紙を用意してつくってみてほしい。

ステップ1　自分や家族の年齢を書き込む

　まずは、左端の欄に家族の名前を記入し、上の欄の左端から右へ、今年を起点に1年ずつ記入していく。年齢の欄には、該当する年の末時点の年齢を記す。
　不破さん夫妻に、子どもは現在3歳の長男と生まれたばかりの長女の2人。小学校、中学校といった成長に従った学齢も書き込む。不破さんの会社は60歳で定年だが、希望すれば65歳まで働ける制度になっているので、65歳まで働くこととした。

（各欄の上段の数字は年齢、下段の数字はイベントにかかる費用）

2028	2029	2030	2031	2032	2033	2034	2035	2036	2037	2038	2039	2040	2041	2042	2043
15	16	17	18	19	20	21	22	23	24	25	26	27	28	29	30
49	50	51	52	53	54	55	56	57	58	59	60	61	62	63	64
											定年				
46	47	48	49	50	51	52	53	54	55	56	57	58	59	60	61
→	→	→	→	→	→	→	→	→	→	→	→	→	→	→	
10	10	10	10	10	10	10	10	10	10	10	10	10	10	10	
17	18	19	20	21	22	23	24	25	26	27	28	29	30	31	32
		大学入学				就職							結婚		
81	86	185	117	117	117								100		
14	15	16	17	18	19	20	21	22	23	24	25	26	27	28	29
		高校入学			大学入学				就職		結婚				
40	50	108	81	86	185	117	117	117			100				
131	146	303	208	213	312	127	127	127	10	10	110	10	110	10	0

図表２－１
不破さんのライフプランシートの例

西暦	2014	2015	2016	2017	2018	2019	2020	2021	2022	2023	2024	2025	2026	2027
経過年数	1	2	3	4	5	6	7	8	9	10	11	12	13	14
夫	35	36	37	38	39	40	41	42	43	44	45	46	47	48
	住宅購入													
	300													
妻	32	33	34	35	36	37	38	39	40	41	42	43	44	45
	帰省	→	→	→	→	→	→	→	→	→	→	→	→	→
	10	10	10	10	10	10	10	10	10	10	10	10	10	10
長男	3	4	5	6	7	8	9	10	11	12	13	14	15	16
					小学校入学						中学校入学			高校入学
		19	21	26	31	25	27	30	31	39	45	40	50	108
長女	0	1	2	3	4	5	6	7	8	9	10	11	12	13
	誕生							小学校入学						中学校入学
					19	21	26	31	25	27	30	31	39	45
各年の合計	310	29	31	36	60	56	63	71	66	76	85	81	99	163

ここでは不破さんが定年年齢である60歳になるまでのイベント資金を合計しよう。

ステップ2 住居にかかる出費を計上する

不破さんは35歳でマンションを購入するとして、頭金と諸費用で３００万円を準備することにした。

ステップ3 子どもの教育費を考える

不破さんの子どもは現在３歳の長男と生まれたばかりの長女の２人。まだ小さいので、教育に関しては実感がわかないが、大学までは行ってほしいと思っている。学費を考えると、国公立大学に行ってもらうことを希望しているが、合格できるかどうかわからないので、私立大学でも大丈夫なように学費を用意しておきたい。また、高校も公立に行ってほしいが、私立校に行くことになることも想定している。高校から私立校に通えば、公立校に比べ教育費が大幅に上がり、年間１００万円以上の負担となることも予想される。大学卒業までの教育費負担は、１人の子どもに対して総額１２００万円程度を見込んだ。

ステップ4　自動車などの耐久消費財や旅行など大きな金額のイベントを予定する

自動車や家電の買い替え、国内外の旅行や帰省など大きな金額のかかるイベントが予想されるなら予定しておく。自動車や家電などが故障したりして、買い替えのタイミングがいつ来るかはわからないが、何年ごとと決めて予定しておくといいだろう。

ステップ5　合計額を計算する

最後に年間にかかるイベント資金の合計をそれぞれの年ごとに計算していこう。こうしてライフプランシートを作成すると、「いつ」「何のために」「いくら」必要かが一目瞭然となり、今後の貯蓄目標を立てる上での参考になる。不破さんの場合、夫60歳までのイベント資金を合計すると3050万円になった。

人生には貯め時と使い時があることを認識する

このようにライフプランシートを作成し、各年に必要なイベント資金を合計していくと、高額な資金が必要な時期があることが見えてくる。こうしたときは大金が出ていくので、お金を貯めようと努力してもなかなかうまくいかない。人生のお金の「使い時」と言える。「使い時」にお金が貯まらないのは、ある意味、仕方のないことでもある。お金が貯まらないと悩むよりも、貯蓄の取り崩し額を管理し、できるだけ取り崩さなくて済むように努力することだ。

一方で、イベント資金がほとんど出ていかない時期は、お金の「貯め時」だ。「貯め時」には大きなお金が出ていかないため、家計のやりくりが楽になる。貯めようと思えば、まとまった金額を貯めることができるだろう。

だが、人間は弱いもので、家計が楽だからこそ気が大きくなって、いい家を買ったり、いい車を買ったりする。また、頻繁に外食をし、旅行にも出かける。その結果、せっかくの「貯め時」にもかかわらず、お金を貯めることができなくなってしまう。

人生を俯瞰してみると、多くの場合で住宅を購入する時期や、子どもが高校・大学に行く時期に「使い時」が現れやすい。そして、一般的に老後の年金生活も「使い時」だ。年金だけでは生活できないため、貯蓄を取り崩しがちだからだ（図表2－2）。

「貯め時」はこうした「使い時」の前に現れる。「貯め時」とは、やがて訪れる「使い時」に備えてお金を準備する時期とも言える。この「貯め時」を逃さず準備できるかどう

図表2−2
人生の「貯め時」と「使い時」

子どものいる夫婦の場合

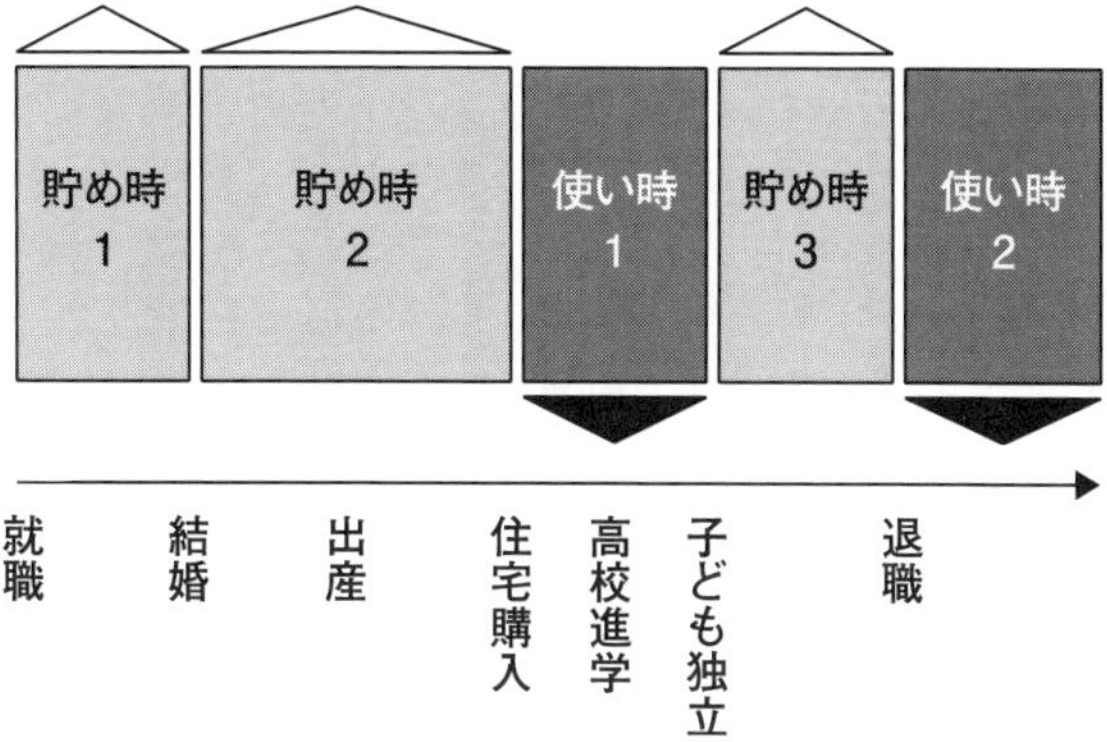

子どものいない夫婦の場合

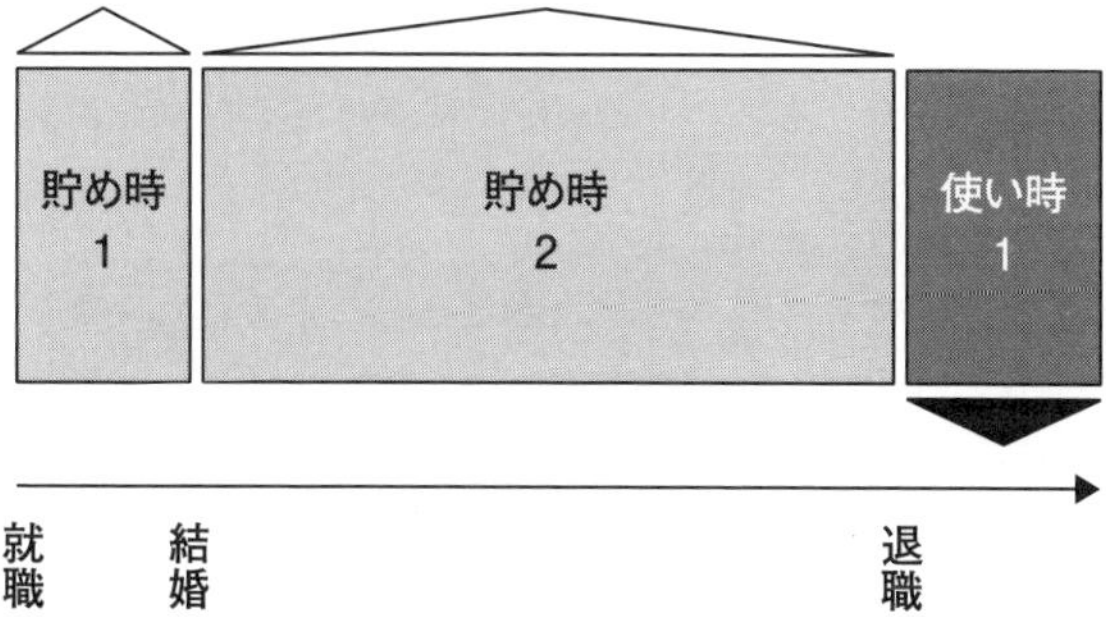

かが、家計管理のカギと言ってもいい。

【②リタイア後の資金】（老後資金計算シート）

次はリタイア後の資金だ。老後を快適に過ごすためには、いったいいくら必要だろうか。

ここからは「老後資金計算シート」（図表２－３）を使う。

ステップ1　退職金を計上する

不破さんの会社では、退職後継続雇用として60歳から65歳まで働いた場合、現在の制度での賃金は手取りで月額20万円、年間２４０万円程度のようだ。５年間で１２００万円の収入となる。これはその他の収入で計算した。

60歳の退職時には、退職金が支給されることになっている。会社のモデル退職金を調べると、１５００万円程度支払われているようだ。確定拠出年金制度も実施されているが、まだ積立金は少なく、退職時まで積み立てても５００万円程度にしかならないと見積もることにした。合計で２０００万円を年金での受け取りは選択せず、全額一時金で受け取ることとして計算した。

図表2−3
老後資金計算シート（不破さんのケース）

		退職時年齢				
夫の平均余命	82歳 −	60	歳	＝ A	22	年
		夫退職時年齢				
妻の平均余命	88歳 −	57	歳	＝ B	31	年

▲ AとBで短いほうの年数
● AとBで（長いほうの年数−短いほうの年数）
◆ AとBで長いほうの年数
※ 期間が終身の場合は受給者の平均余命

老後の生活費（夫婦）	月	17	万円×12×	▲	22	年 ＝	4,488	万円
老後の生活費（一人）	月	13	万円×12×	●	9	年 ＝	1,404	万円
その他の生活費	年	30	万円 ×	◆	31	年 ＝	930	万円
住居費（賃貸）	月		万円×12×	◆		年 ＝		万円
住宅ローン（持家）	年	117	万円 ×		10	年 ＝	1,170	万円
リフォーム代（持家）							500	万円
維持費（持家）	年	40	万円 ×	◆	31	年 ＝	1,240	万円
保険料	年	18	万円 ×		15	年 ＝	270	万円
子や孫への援助							200	万円
相続させたい資金		（保険以外に準備するお金）					0	万円
死亡後の整理資金		（保険以外に準備するお金）					300	万円
医療・介護費用		（保険以外に準備するお金）					300	万円
その他		（教育費が残る場合など含む）					500	万円
支出合計							11,302	万円

公的年金（夫）		（年金額早見シートより）					3,300	万円
公的年金（妻）		（年金額早見シートより）					1,700	万円
退職金							2,000	万円
企業年金	年		万円 ×	※		年 ＝		万円
私的年金	年		万円 ×	※		年 ＝		万円
その他の収入	年	240	万円 ×	※	5	年 ＝	1,200	万円
現在の金融資産残高							400	万円
収入・金融資産合計							8,600	万円
必要積立額		支出合計 − 収入・金融資産合計				＝	2,702	万円

頑張って積み立てましょう！

ステップ2　公的年金の受取額を計算する

不破さんは昭和54年生まれで、就職時から退職までの平均的な年収は現在と同程度の額面で５５０万円程度と予測している。「年金額早見シート」（図表２－４）から、年金額は３３００万円程度と見込まれる。妻は多少ＯＬの期間があったものの専業主婦なので、②の「自営業、専業主婦の場合」という欄にあるように１７００万円となる。不破さん夫婦がもらう年金額の合計は５０００万円ということになる。

不破さんは私的年金やその他の収入はないので、これで60歳以降の収入合計は５０００万円＋２０００万円＋１２００万円＝８２００万円だ。さらに不破さんは現在４００万円の貯蓄を持っているので、収入・金融資産合計は８６００万円と計算できる。

ステップ3　生活費を計算する

不破さんは平均余命から考え、夫婦で生活する期間を60歳から22年間（A）とした。また、妻は夫の3歳年下なので、夫の死亡後も1人で9年間生活することになる。

不破さんの現在の生活費から推定して夫婦での生活費を月17万円、妻が１人で生活する

図表 2−4
年金額早見シート

男性82歳、女性88歳までの受取年金総額（単位:万円）

①会社員（厚生年金加入期間40年）の場合

男　性	在職中の平均的な年収					
生年月日	300万円	400万円	500万円	600万円	700万円	800万円
S24/4/2 〜S28/4/1	2,700	3,200	3,700	4,200	4,600	5,100
S28/4/2 〜S30/4/1	2,600	3,100	3,600	4,000	4,500	4,900
S30/4/2 〜S32/4/1	2,600	3,000	3,500	3,900	4,300	4,800
S32/4/2 〜S34/4/1	2,500	2,900	3,300	3,800	4,200	4,600
S34/4/2 〜S36/4/1	2,400	2,800	3,200	3,600	4,000	4,400
S36/4/2〜	2,400	2,800	3,100	3,500	3,900	4,200

女　性	在職中の平均的な年収					
生年月日	300万円	400万円	500万円	600万円	700万円	800万円
S29/4/2 〜S33/4/1	3,600	4,200	4,800	5,400	6,000	6,600
S33/4/2 〜S35/4/1	3,500	4,100	4,700	5,300	5,900	6,500
S35/4/2 〜S37/4/1	3,400	4,000	4,600	5,100	5,700	6,300
S37/4/2 〜S39/4/1	3,400	3,900	4,500	5,000	5,600	6,100
S39/4/2 〜S41/4/1	3,300	3,800	4,400	4,900	5,400	5,900
S41/4/2〜	3,200	3,700	4,200	4,800	5,300	5,800

②自営業、専業主婦（夫）（国民年金加入期間40年）の場合（単位:万円）

男性	1,300
女性	1,700

生活費は月13万円とした。また、旅行代や冠婚葬祭費などとして「その他の生活費」を年30万円計上した。

ステップ４　定年後の住居費を計算する

住宅は新しく購入する分譲マンションに住み続けるつもりだ。35年ローンで購入する予定なので、繰り上げ返済しなければ70歳まで返済が続く。検討中のプランでは年間の返済額は１１７万円で60歳時には残り10年になるので、あと１１７０万円分の返済が残っている計算になる。

購入予定のマンションの管理費・修繕積立金は月２万２０００円。10年後以降は徐々に上がっていく予定だが、おおまかに２万５０００円で続くこととして計算した。固定資産税・都市計画税なども含めて、年間40万円を維持費とした。

平均余命が経過したころには築50年近くになる。修繕積立金を月々負担するが、これはマンション共用部分の修繕に充てられるものなので、自室内のリフォームなどは自分で負担する必要がある。キッチンやユニットバス、トイレなどの水回りをリフォームすると、あっという間に５００万円はかかってしまう。ここは最低限の費用として５００万円を見込むことにした。

ステップ5　あれば子どもへの結婚費用の援助なども計上する

不破さんは子どもや孫への援助も考えている。子どもの結婚費用として合計２００万円の援助を予定、住宅購入は子どもが自分で工面してほしいということで予定しなかった。

さらに相続させたいお金や死亡後の整理資金は３００万円ほど見込んだ。医療費用は医療保険である程度カバーするとして、医療保険でカバーしきれない部分と介護費用は３００万円ほど準備することにした。その他のお金は、60～65歳の保険料も含め５００万円とした。

ステップ6　生命保険料を計上する

不破さんは大手生命保険会社で保険に加入しているが、主契約保険料の払い込み満了が65歳になっている。60歳から残り5年間の保険料は約73万円。これで保険料の払い込みが終わるわけではなく、65歳以降も傷害・医療関係の保険料年間18万円を80歳まで継続して支払う必要があることがわかっている。シートには「保険料」として65歳以降の合計を計算し、60歳からの5年分の保険料は「その他」に分類し計算した。

ステップ7　リタイア後の支出の合計を計算し、年金などの収入を引く

まとめると、リタイア後の支出の合計は１億１３０２万円となった。

これを全部貯める、ということではない。老後にも年金などの収入があるので、収入と金融資産の合計を引く。計算すると、不破さんが貯めなくてはいけない老後資金は２７０２万円となる。60歳までに現在の金融資産以外にこれだけのお金を貯めることができなくては、ここで計算したレベルの生活はできないことになる（ここでは物価上昇や給与上昇や運用の収益の影響は考えていない）。

【③合算する】◆現役時代のイベント資金と老後資金必要積立額を合算する

①で計算したイベント資金３０５０万円と、②で計算した不破さんの老後資金必要積立額２７０２万円を合算すると、合計で５７５２万円積み立てる必要があることがわかる。不破さんは現在35歳だから、これらを60歳までの25年間で貯めなくてはならないということだ。25年で割ると、年２３０万円の積み立てをしなくてはならない計算となる（図表2

図表2−5
必要積立額の計算

老後資金必要積立額	2,702 万円
定年までのイベント資金合計	3,050 万円
合計	5,752 万円

夫の定年年齢		夫の現在の年齢		資金準備期間
60 歳	−	35 歳	＝	25 年

イベント資金の合計と老後資金の必要積立額		資金準備期間		必要積立金額
5,752 万円	÷	25 年	＝	230 万円

－5）。イベント資金は、この積立金から支出していくことになる。

ライフプランシートを戦略的に使う

ライフプランシートができあがったら、次のステップとして、ライフプランから目標貯蓄額を計算してみよう。

不破さんは年230万円を積み立てなくてはいけないことがわかった。目標を達成するには、収入から230万円を差し引いて残ったお金で生活しなくてはならない。いったい毎月いくらで生活すればよいのだろうか。

不破さんの年収は550万円。ここからまず必要な積立額230万円と税金・社会保険料103万円を引くと、217万円残る。

ここから毎月保険料や住宅ローンや固定資産税などの家計の固定費174万円を引くと、年間の生活費は43万円。これを1カ月あたりに直すと約3・6万円となる。

毎月3・6万円でやりくりできれば、目標が達成できるということだ。

とはいえ、家族4人で月3・6万円ではとても足りないだろう。しかし、生活費を予算額以上使ってしまえば、ライフプランを実行することはできない。このままでは、不破さんの家計はいずれ行き詰まる可能性が高いことがわかる。現在は貯蓄もできて家計はうまく回っているように見えるが、一生涯を通して見ると、家計の体力以上の生活をしていると言わざるを得ない。

では、どうするか。

不破さんの家計の最も大きな問題は、老後資金の不足だ。老後の不足金額が２７０２万円もあるのは退職後の生活水準が高すぎるから、と考えられる。退職後も生命保険料や住宅ローンなどの支払いが続くことも問題だ。

老後の必要資金の大半を占める生活費を月2万円絞ると、老後の不足額は１９５８万円にまで縮まる。退職前のライフイベントの予算を削ることも考えられるが、それを考えるのは最後でいい。

真っ先に考えるべきは、固定費の削減だ。生命保険の見直しと同時に、住宅ローンも将来を睨んだプランを慎重に選ぶ必要があるだろう。

具体的な生命保険料や住宅ローンの見直し手順については次章以降で詳しく説明するが、不破さんの場合、固定費と老後資金を減らすことで、1年あたりの必要積立額は１７８万円に減少し、使うことができる1カ月の生活費は約8万円に増加した。

それでもなかなか大変だ。不破さんは小遣いなどを含めた生活費の予算を月18万円としているので、大幅に足りない。この状態ではほんの少しの浪費でも、家計はどんどんバランスを崩してしまうだろう。ライフプランを変更しないためには、さらに固定費を最大限抑え、やりくり費をしっかりと管理して絞り込むことだ。固定費のイメージをつかむために、ぜひ図表2－6に金額を記入して計算してみてほしい。

また、妻がパートに出て働いたり、夫も副業などをしたりして収入を増やすことができれば、家計にめざましい効果を及ぼす。収入が増えると、その金額分やりくり費の予算が多くなるので、検討してみる価値は十分にある。

このように、ライフプランシートをつくってみるだけで、漠然としていたことがハッキリ、具体的に見えてくるのがわかるだろう。「５年で１００万円くらい貯められたら……」といったイメージとはまったく違う重みがあるはずだ。計画があるのとないのとでは、お金の貯まり方も違ってくる。

「将来については大まかなイメージしかない」というあなた、今すぐライフプランシートを作成してみよう。

図表2−6
家計の固定費はいくらある？

項目			年間固定費
住宅費	持ち家	住宅ローン	円
		管理費・修繕積立費	円
	賃貸	家賃	円
		駐車場代	円
その他ローン	車や家電・家具など		円
保険料	夫分		円
	妻分		円
	子ども分		円
	その他家族分		円
	自動車保険		円
	火災保険		円
光熱費	水道代		円
	ガス代		円
	電気代		円
通信費	固定電話		円
	携帯電話		円
	インターネット		円
その他新聞など	新聞代		円
	NHK受信料		円
合計			円

ライフプランづくりのポイント

「住宅」「教育」「自動車」「老後」の4つは、人生の4大資金。生涯賃金の大きな割合を占める支出だ。この4つの費用を考えるヒントをまとめた。ライフプランシートに書き込む際の参考にしてほしい。

■住宅

「マイホームを持ちたい」。多くの人が持つ夢だ。しかしながら、住宅はとても高価なもの。購入をあきらめ、賃貸を選択することもあるだろう。賃貸の場合には毎月家賃がかかるうえ、2年ごとに更新料がかかったり、引っ越しをすれば敷金・礼金が必要になったりする。地方によってこうしたルールは違うが、その地域に合ったコストを見込んでおこう。

住宅を購入する場合は、住宅ローンを支払う必要がある。よく「家賃並みの住宅ローンで購入できます」というチラシを見かけるが、残念ながら住宅ローン以外に管理費や修繕積立金、固定資産税・都市計画税などの維持コストがかかるので、なかなか家賃並みとは

図表2−7
賃貸・購入にかかる費用

賃貸	賃貸料	不動産屋に掲示されている家賃は、貸主の希望価格。交渉すると下がることも。
	更新料	一般的には2年ごとに賃料の1カ月分程度かかる。契約時には更新の条件確認を。
	駐車場代	車の維持費でバカにならないのが駐車場代。マンション購入の場合も通常は必要。
	引っ越し費用	業者によって費用が異なるので、見積もりを複数取って、比較検討。
	敷金・礼金	地域によって慣習が異なるが、入居時に必ずチェック。敷金の一部は退去時に戻る。

購入	頭金	頭金ゼロで購入できる物件もあるが、条件のよいローンを組むには頭金を貯めること。
	購入時諸費用	新築物件なら物件価格の5%程度、中古物件なら8%程度が目安。
	住宅ローン	借りられるローンではなく、返済できるローンを組むこと。金利の変動に注意。
	管理費・修繕積立金	マンションを購入したら、月々の負担はローンだけではないので、要注意。
	修繕費・リフォーム費用	修繕積立金は共用部分の修繕の費用に充てるもの。自室内の修繕は自分で準備すること。
	引っ越し費用	頭金や諸費用を出したら、引っ越し費用がなくなった、などということがないように注意。
	固定資産税・都市計画税	保有している間は税金もかかることを忘れずに。

いかないケースが多い。図表2－7に、賃貸・購入それぞれの主なコストをまとめてみた。**住宅ローンは借りることができる金額ではなく、いくらなら返せるかという基準でローン額を決めたい。この返せるローン額の設定は難しいが、子どものいる家庭はローンの年間の返済額や管理費・修繕積立金の合計を額面年収（税金や社会保険料を引く前の年収）の20％以内に抑えたい。独身や子どものいない家庭は30％以内が目安だ。そして、返済期間は70歳までに完済できるように設定しよう。**40歳の人であれば返済期間は30年以内だ。そうすれば、繰り上げ返済する余裕もつくりやすくなるし、60歳程度まで完済時期を前倒しすることも不可能ではない。

　住宅を購入すると、これ以外にも固定資産税、都市計画税、さらにリフォームをする、家を買い替えるといったコストもかかる。一生この家に住むという決意で購入する人は多いが、自分の平均余命を考えたとき築何年になっているか考えてみよう。そのころには築50年近くになっているケースが多く、一生のうちに何度か住み替えや建て替えをする可能性はかなり高い。

　退職するころには、通常は職場も子どもの学校も関係なくなる。そうなると、自分たちのことだけを考えて住む場所を選ぶことができる。住み慣れた現在の家に住む、現在の家を売って便利な場所のマンションに引っ越す、生まれ育った田舎に帰る、海外に移住するなど、選択肢はさまざまだ。

賃貸に住んでいれば一般的に老後も家賃が延々と続くことになるが、例えば田舎に引っ越すとなると家賃もグッと少なくて済む。場所を選ばなければ、都心の駐車場代程度の家賃でも、人が暮らす家を借りることは十分可能だ。

さらに高齢期の住まいとして、介護が必要になったときのことも考えておきたい。そのときには老人ホームに入居するかもしれない。住まいの計画は、子どもと過ごす短い期間だけでなく、もっと長い人生全体を頭に入れて考えてみよう。

［質問］

- （賃貸住宅に住んでいる方に）住宅を購入しますか？　どこに住みますか？
- （すでに住宅を購入している方に）住み替えはしますか？　どこに住みますか？
- 退職後はどこに住みますか？

■教育

子どもにかかるお金としては、生まれるときには出産費用、生まれた後には食費や被服費といった生活費や教育費などが発生する。それだけでなく、結婚資金援助や住宅資金援助をはじめ、さまざまな援助が必要になるかもしれない。

なんといってもお金がかかるのが教育費だ。子どもの進学のスケジュールは、生まれたときにある程度予測できる。逆に言えば、年齢とともに必要になってくるお金なので、車や家電のように「お金がないから来年にしよう」と先延ばしにすることはできない。

かかる教育費の額は、公立校か私立校のどちらに行くのか、大学には行くのか、塾や習い事はするのか、といったことで大きく変わる。そうすれば、「いつ」「いくら」必要か、ある程度の見込みを立てることができる。

どんな教育を受けるかは、子どもが決めることであり、親が決めるものではない、と考えることを拒否する人もいる。確かに将来どうなるかはわからないが、子どもが私立校に行きたい、大学に行きたい、と言ってきたとき、行かせてやりたいと思うなら、しっかりとその準備をしておきたいところだ。

図表2−8
子どもの教育費の目安

（単位:円）

		公立			私立		
			学校	学校外		学校	学校外
幼稚園	年少	190,185	148,322	41,863	483,278	421,473	61,805
	年中	209,090	146,308	62,782	451,718	330,344	121,374
	年長	260,088	152,551	107,537	526,568	357,363	169,205
	幼稚園計	659,363	447,181	212,182	1,461,564	1,109,180	352,384
小学校	1年	311,178	127,572	183,606	1,704,654	1,222,941	481,713
	2年	252,559	76,197	176,362	1,202,493	761,342	441,151
	3年	270,139	83,274	186,865	1,248,652	778,412	470,240
	4年	295,128	81,970	213,158	1,377,759	797,767	579,992
	5年	311,787	90,521	221,266	1,451,793	800,053	651,740
	6年	388,945	124,222	264,723	1,553,148	828,888	724,260
	小学校計	1,829,736	583,756	1,245,980	8,538,499	5,189,403	3,349,096
中学校	1年	450,971	231,711	219,260	1,561,338	1,304,816	256,522
	2年	398,117	134,280	263,837	1,121,469	833,223	288,246
	3年	502,221	137,826	364,395	1,204,719	866,496	338,223
	中学校計	1,351,309	503,817	847,492	3,887,526	3,004,535	882,991
高校	1年	440,233	314,040	126,193	1,161,743	975,981	185,762
	2年	392,661	250,557	142,104	847,989	640,514	207,475
	3年	325,969	127,463	198,506	876,466	531,160	345,306
	高校計	1,158,863	692,060	466,803	2,886,198	2,147,655	738,543

文部科学省「2012年度　子供の学習費調査」

（単位:万円）

		合計	入学金	授業料	施設設備費	在学中合計
国立大学（標準額）		81.8	28.2	53.6	0.0	242.52
私立大学	法・商・経済	112.2	24.5	73.2	14.5	375.2
	文学・教育	118.4	25.1	75.9	17.4	398.3
	家政	126.9	26.9	78.5	21.5	427.0
	農・獣医	133.8	25.6	87.8	20.4	458.3
	理学・工学	141.8	25.2	99.8	16.8	491.4
	芸術	165.7	25.8	111.2	28.6	585.3
	薬（6年）	207.0	35.0	142.9	29.0	1066.5
	歯（6年）	424.4	60.9	310.4	53.2	2242.1
	医（6年）	492.0	129.6	255.9	106.5	2303.9
	平均	131.4	26.9	85.8	18.7	

2013年度　日本私立学校振興・共済事業団調べ
国立大学は2014年度

必要な教育費の目安は、図表2－8を参照してほしい。文部科学省の「子供の学習費調査」などを参照して作成したものだ。私立校の教育費は、地方によって大きく変わるので注意してほしい。首都圏の学校は平均よりも教育費が高めなので、希望の学校があるならば具体的な教育費を調べよう。

子どもごとに進学スケジュールをライフプランシートに記入し、毎年の教育費を記入してほしい。教育費には学校教育費だけでなく、塾などの補助教育費や習い事の費用など、学校外教育費も加えた金額を記入したい。

それぞれ記入できたら、教育費の総額を計算する。幼稚園から大学まですべて国公立コースでも、補助教育費などの学校外教育費も含めると、教育費の総額は７４２万円となる。不破さんが見込んでいる、高校から大学まで私立校でその他は公立というコースであれば、１０４８万円だ。大学の通学方法が自宅通学ではなく下宿となる場合には、大学生協などのデータを参考にすると、３７０万円ほど追加しておけばいいだろう。

子どもが結婚する際に、何らかの援助をするかどうかも考えてみよう。結納や結婚式費用の一部を負担する、いわゆる「嫁入り道具」のように、新居に関する費用を負担するといったケースが考えられる。

最近は、親が子どもの面倒を見る必要はない、という人が増えてきた。そういう考えなら予算はゼロで問題ないが、確固としたポリシーがないなら、子ども1人につき100万〜300万円程度の費用を計上しておこう。ちなみに、リクルートゼクシィの調べによると、結婚時の親・親族からの援助総額の平均は182・8万円（「ゼクシィ結婚トレンド調査2012」）となっている。

［質問］

- **子どもは何人ほしいですか？**
- **どのような教育を受けさせてあげたいですか？**
- **結婚や住宅購入時は援助をしてあげたいですか？**

■自動車

あまり意識されることはないかもしれないが、車は非常にコストのかかる乗り物だ。成人してから40〜50年間乗ると、マンション購入並みの費用がかかる。

例えば、諸費用込の総額180万円で車を買って、4度目の車検まで9年間乗ったとする。車検のときに整備費用も含めてかかるコストが１回12万円、自動車保険に毎年７万円、自動車税が毎年４万円、毎月のガソリン代を１万円、駐車場代が月１万円としよう。

　すると、この９年間に支払ったお金は、故障がなかったとしても、合計５３１万円にもなる。年間に直すと60万円に近い。諸費用込で１８０万円の車は決して高いとは言えないが、この程度のコストがかかる。

　すると、25歳から75歳までの50年間にわたり、同じ条件で車に乗り続けるとすると、合計３０００万円と計算できる。もちろん、駐車場代が必要ない家や、ガソリン代もここまでかからない場合もあるだろうが、一生で数千万円単位のコストがかかる「人生の大きな買い物」と言える。メルセデスベンツなどの高級外車に乗っている人などは、さらに半端ではない金額となる。

　車のコストを抑えるには、車のグレードを下げたり、買い替えサイクルを長くしたりするのが一般的だ。車のグレードが落ちると、ガソリン代やメンテナンス費、税金などさまざまな面で安くなることが多い。また、年間走行距離が長い人ほど、ハイブリッド車などの低燃費車が有利だ。初期コストやメンテナンスコストが高いものの、ガソリン代が少なくて済むため、十分元が取れる。買い替えサイクルに関しては、リセールバリューの高い車を選べば、数年で買い替えても10年近く乗った場合とコストが変わらないこともあるだろう。また、新車を購入するのではなく、新車プレミアムが剝げ落ちた中古車を専門で買い替えていく人もいる。

何年で乗り換えるか、いくらくらいの車に乗るのかといったことを、いま一度確認してみよう。車のコストを年間1割でも落とせれば、一生では数百万円の差になる。いろいろと試してみる価値はあるだろう。

電車やバスなどの公共交通網が発達している大都市圏であれば、車に乗らない生活もありだ。こういう地域は渋滞だらけで、駐車場が少ないうえに高いので、逆に車で出かけるほうが不便なことも多い。そのため、車を持たないことで固定費を削減する人も多い。特に都心のマンションに住んでいる人は、駐車場代が月々数万円かかるケースも珍しくないので、その傾向は強い。

［質問］

・今後も自家用車を購入しますか？　予算はいくらですか？

・買い替えサイクルは何年ですか？

・何歳まで車に乗っていると思いますか?

■老後

最も計算が難しいのが、厚生年金や国民年金といった公的年金の受取額だ。受取額を知るためには、まずは日本年金機構から毎年誕生月に届く「ねんきん定期便」を確認しよう。50歳以上の人であれば、ねんきん定期便に将来受け取れる年金の見込み額が記載されている。これまでの年金制度への加入履歴だけでなく、現在の収入が60歳まで続いたと仮定して、将来受け取れる年金の見込み額を計算してくれている。厚生年金の場合、今後の収入が増減すれば年金額も増減するが、将来設計に用いるには十分だろう。

50歳未満の人であれば、ねんきん定期便には過去の年金加入履歴や、これまでの加入履歴のみから受け取れる年金額が表示されている。これだけだと正直将来設計には使えない。

インターネットで日本年金機構が運営する「ねんきんネット」にアクセスしてみよう。アクセスするためにはIDとパスワードが必要だが、ねんきん定期便に記載されているアクセスキーを入力すると即座にIDを発行してくれる。ただし、このアクセスキーは有効期間が3カ月しかない。ねんきん定期便が届いたら、早めにIDを取得しておこう。もちろん、それ以外の時期でもＩＤは取得できるが、時間と手間がかかるので注意したい。

ねんきんネットでは、「年金見込額の試算」ができるようになっている。保険料の支払年数やその間の平均月収を入力すると、年金額の見込みや80歳（任意設定可）までの累計年金額も計算される。50歳未満の人は誤差も大きいが、見込みを知っておきたいという人はぜひ試してみよう。

ねんきんネット　http://www.nenkin.go.jp/n/www/n_net/index.jsp

概算でいいということならば、75ページの「年金額早見シート」を使ってほしい。この早見シートでは男性は82歳、女性は88歳まで年金を受け取った場合の受取総額を試算している。サラリーマンだった人が受け取る厚生年金も、自営業者や専業主婦などが加入する国民年金も加入期間40年として計算している。加入期間が短ければ、表中の金額よりも少なくなる。

厚生年金の加入者は、「平均標準報酬額」という入社から退職までの平均的な給料の水準で年金額が変わる。これまでの平均的な年収の水準と退職までの年収の推移を予想して、自分の生年月日と年収の交差した場所の金額を調べてほしい。

最近では、退職予定年齢を「65歳」と回答する人が多くなった。もしも60歳で退職してしまえば、収入が途絶えてしまうことになり、「早期退職」と同じ状況になるからだ。早期退職するためには、割増退職金をもらうなり、収入がない5年間分の生活費くらいは自分で貯めるなりしなければ、すぐに貯蓄が底をついてしまう。そのため、現実的に、65歳まで継続して働き続けることを選択する人が多くなっている。

改正高齢者雇用安定法が施行されたことで、希望すれば65歳まで働ける環境が整いつつある。ところが、企業側の対応は甘くはない。企業側は、コストの高い人材には辞めてもらい、安い人材に入れ替えたがっている。そのため、定年年齢を65歳に伸ばした企業は少なく、いったん退職して再雇用という形をとる企業が多い。そのため、報酬は現役時代と比べると大幅に少なくなるケースがほとんどだ。多くは生活費がまかなえる最低限度の報酬だ。

したがって、できるだけ住宅ローンや教育費といった、大きなお金が必要なイベント資金は、60歳までに目処をつけておきたいところだ。

また、退職後に何をして過ごすのかも重要なテーマとなる。なぜなら、退職後に私たちに与えられる時間は膨大だからだ。例えば、現役時代に1日8時間、年間250日働いたとすると、年間2000時間働くことになる。23歳から60歳まで38年間働いたとすると、合計7万6000時間にもなる計算だ。

次に、退職後に自由に使える時間を計算してみよう。例えば、毎日12時間自由に使える時間があるとする。そうすると、男性であれば、65歳時の平均余命は約18年間なので、12時間×365日×18年＝7万8840時間という計算になる。つまり、膨大だと思っていた現役時代の働いている時間とほぼ同じくらいの時間が与えられるのだ。

会社に勤めているときは、会社に時間を買ってもらっているからあまり考えないことだが、これだけの時間が与えられるのだから、有意義に過ごしたい。

ただ何かしようとすると、とにかくお金がかかる。早めに予算を立てたいところだ。

［質問］
- 何歳で退職したいですか？
- 退職後は主に何をして過ごしたいですか？

第3章

買うか、借りるか？ マイホームの損得勘定

持つか、借りるかという究極の選択

これまで、住宅を購入したことがきっかけで、歯車が狂ってしまった家計を数多く見てきた。「住宅を購入する＝資産を持つ」というイメージがあるが、これは購入した不動産が値上がりしない限り、ただの幻想にすぎない。

建物は確実に減価し、住宅ローンの返済が終わるころには価値がなくなっていることが多い。戸建てなら土地は残るからまだましと言えるが、マンションであれば、土地の割合は小さいので、コンクリートの塊を買っているようなものだ。大家さんから家を借りるか、銀行からお金を借りるか、という程度の違いでしかないと思ったほうがいい。

つまり、「住宅を購入する＝資産を持つ」ではない。「住宅ローンを借りて住宅を購入する＝借金をして値動きのある商品を買う」という意味合いもあるのだ。借金をして株を買う人は少ないが、家であれば平気で買う。生涯賃金の多くの割合を占める大きな買い物を、よく調べもせずに決めてしまう人が多いのは、恐ろしいことだ。

短期的な上げ下げはあるものの、不動産価格も家賃も長期的な下落傾向が続いている。

マイホームを持つことが夢だと言う人は多いが、一生賃貸住宅に住むという人生も有効な選択肢だ。

家計にとって、持ち家と賃貸ではどのような差が出るのか、早速シミュレーションをしてみよう。

不破さんが、賃貸マンションに住み続けた場合と、分譲マンションを購入した場合の２つのパターンでかかる総費用を比較する。この前提条件としては、どちらも同じ地域にある72・6平方メートル（22坪）の広さの部屋とした。この広さの賃貸相場は月11万円、購入するなら物件価格は３０００万円だ。

投資用不動産を中心とした物件価格の目安を計算する方法に「収益還元法」がある。年間家賃を物件価格で割って、単純利回りを計算する。不破さんのケースでは、年間家賃が１３２万円、購入する物件が３０００万円だから、単純利回りは４・４％だ。最近売り出されている新築マンションで単純利回りを計算すると、３～５％程度の物件が多いので、相場内と言えるだろう。

賃貸マンションと分譲マンションの違いは、購入後の維持費だ。賃貸マンションは家賃がかかるが、維持費は更新ごとに更新料がかかるくらいだ。一方の分譲マンションでは、住宅ローンの支払い以外にも管理費や修繕積立金、そして固定資産税・都市計画税を支払わなければならない。外壁や廊下など共用部分の修繕には修繕積立金が充てられるが、中規模修繕、大規模修繕となると、積立金だけでは足りないこともある。その場合は、追加で資金を出す必要がある。

また、年数が経つと自室内にも不具合が出てくる。風呂や台所、トイレといった水回りを修繕するには、数百万円単位での出費を余儀なくされる。修繕積立金はあくまで共用部分の修繕のために積み立てているものなので、自室内の修繕には使えない。

住宅ローンの条件は、２％の全期間固定金利で、３０００万円を返済期間30年で組んだものとして計算している。これ以外の条件としては、住宅ローンを組むと住宅ローン控除が受けられ、税金の還付を受けられる。また、住宅ローンに団体信用生命保険が付くので、他の生命保険を減額し、生命保険料を節約できる効果もある。こうしたプラス面も計算に入れた。

まずは、家賃などの物価が年率マイナス１％で下がり続けた場合のシミュレーション結果を見てほしい（図表３－１－①）。全国の不動産価格を見ると、首都圏を中心に上昇を始

図表３−１
賃貸vs.持ち家シミュレーション

❶デフレ期（物価が年率 −1％で下がり続けた場合）

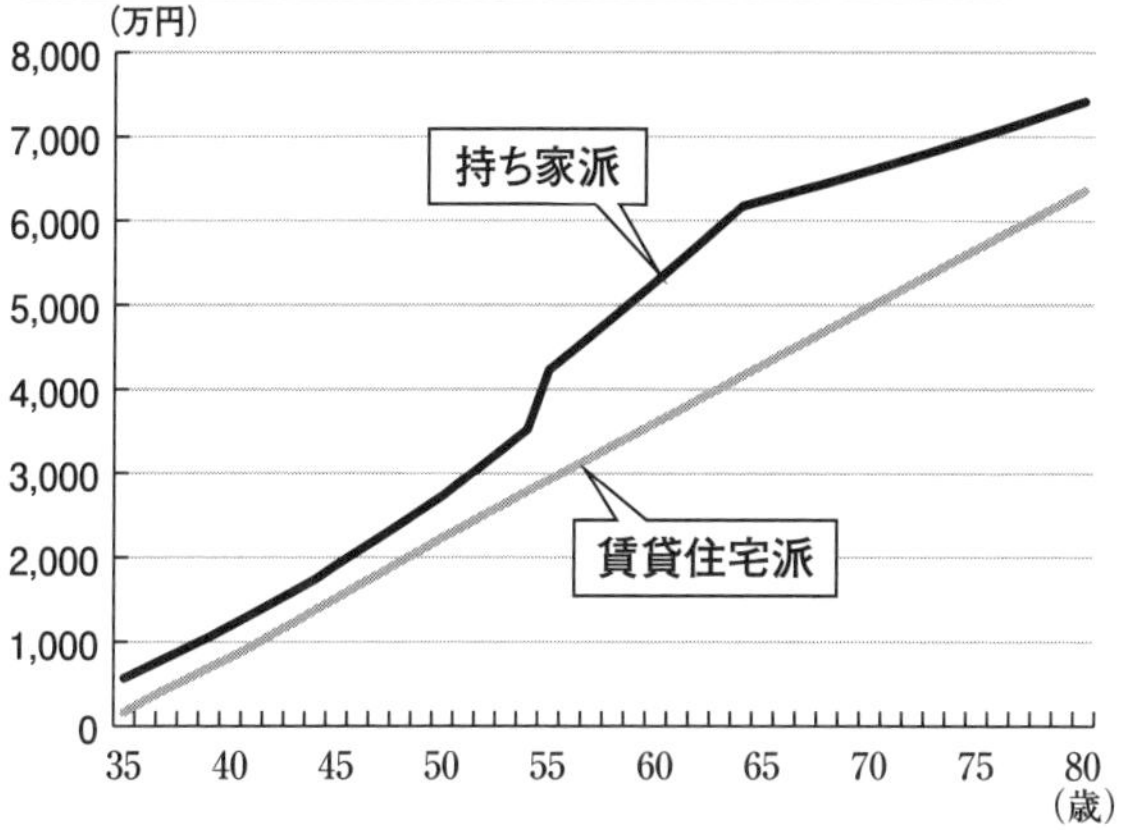

❷インフレ期（物価が年率 ＋1％で上がり続けた場合）

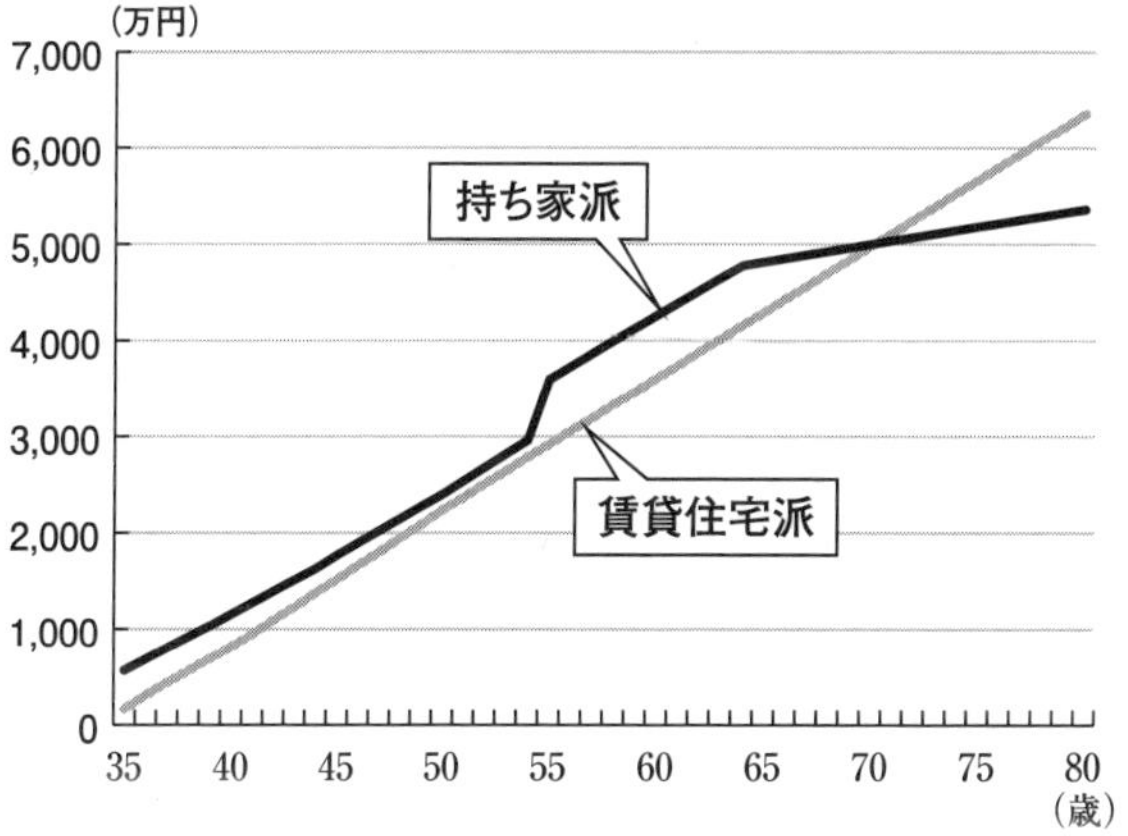

めた地点が多くなってきたが、全体的には下落基調が続いている。不動産価格が下がっている地域は、家賃も下がりやすい。

　不破さんが購入する予定の物件で計算すると、購入した場合のラインが賃貸を続ける場合のラインを上回る。賃貸の総費用が、購入した場合の金額よりも少なくなるということだ。賃貸マンションを借り続けたほうが、家を買うよりも得、という分析になる。

　マンションを購入すると、資産価値もあると思われるかもしれないが、不破さんが新築マンションを購入したとしても、85歳にもなると築50年になる。そのころには、解体費用を負担しなくてはならないかもしれない。大規模マンションの場合、土地の持ち分の面積は狭くなる。そうなると、都心の物件を除き、土地分の価値は大きくないと考えてもいいだろう。

　物価が下がっている時期には、なかなか「買い得」にはならない。それでも購入し、買い得に近づけるためには、できるだけ安く買うことだ。提示されている価格は、あくまで売り手側の希望価格だ。売り手の言い値ではなく、あなたの希望額を売主側に提示しよう。

　不動産を購入する際に、値引き交渉ができないと考えている人は多い。確かに、まだ建築する前のマンションを購入する場合などは、値引き交渉は難しいだろう。しかしながら、中古だけでなく新築でも、既に建築済みの物件を購入する際は、値引き交渉をしてみることをおすすめする。交渉するのにお金がかかるわけではない。それで１００万円でも値引きできたら儲けものだ。

金利２％で30年返済の住宅ローンを借りると、物件価格１００万円の差は利息も考えると約１３３万円もの差になる。安く買うほど、値下がりの影響も小さくなるし、万一収入が下がってローンが返せないときにも、人に貸せば利益が出やすいはずだ。

交渉の結果、条件が合わないなら、買うのをやめる勇気を持とう。家族が路頭に迷うかもしれないほどの大きなリスクを抱えて購入するのだから、不動産価格や物価が下がっているときにはシビアに購入してほしい。

もしも、妥当な物件が見当たらないのならば、中古物件も視野に入れて探したい。新築時の物件価格には「新築プレミアム」が乗っている。この新築プレミアムの正体は広告宣伝費や人件費、住宅設備の価値などだから、購入した後には剝がれていく。築後15年程度まで物件価格の下落は急ピッチで進みやすい。その後は価格の下落が緩やかになる傾向がある。

こうした特徴を頭に入れて、築後15年以降の物件から探すというのも手だ。築年数が多くなると、住宅設備や内装のリフォーム費用もかかる。最近は都心に住みたい若者を中心に、築古物件を購入し、室内をスケルトン状態まで解体して断熱や室内配管まで一新するリノベーションが広がっている。こうした費用を含めても、新築価格よりも十分に安くなるケースが多く見られる。逆に言うと、新築で購入した場合、購入後15年前後までは時価が大きく下がるリスクを抱えているので注意したい。

次に、物価が年率プラス1%で上がり続けるときのシミュレーション（図表3－1－②）を見てみよう。

物価が上昇していった場合で見ると、住宅を購入した場合の総費用のラインが賃貸の場合の総費用のラインと70歳でクロスしている。この場合には、70歳以降まで生きるとすると、購入したほうが総費用を少なくできることがわかる。上昇率が高くなるほど、クロスする年齢が早くなる。クロスする年齢が早くなるほど、資産価値を見込むことができる。不動産は物価や不動産価格が上昇する局面で購入すると安心感が高い。

ここでは、単純化するために長期的な価格の上昇や下落を考えた。実際の不動産市況を見ると、地方都市では長期的な下落傾向が続いている。一方で、都心の不動産市況は短期的な上昇と下落を繰り返している。２００７～08年のミニバブルでは、都心の不動産価格は数十％も上昇した。その後のリーマンショックによって価格は下落したが、アベノミクスによって再び上昇し始めている。

実体経済よりも金融市場の影響が大きくなった昨今、このような価格の上昇と下落とを繰り返しやすい環境になっている。余った大量のお金が世界中を駆け巡ることで、バブルの形成と崩壊を繰り返しやすくなっているのだ。もしも今後もこのような傾向が続くならば、価格が大きく下落する時期が狙い目だ。価格が下がるだけでなく、値引き交渉もしやすい。まさに割安な物件に出会うチャンスが多くなる。

割安に購入しておけば、いざというときにも貸してよし、売ってよし。まさに「買い得」だ。逆に価格が大きく上昇した時期に購入するのは、割高な物件をつかむ可能性が高く危険だ。

「借りられる」と「返せる」は別問題！

家族の夢のマイホームを買ったのに、住宅ローンが返せず、悪夢を見ることになる――。

これだけは避けたいところだ。

多くの人にとって、住宅は人生で最大の買い物なので、購入を検討する間はテンションが高くなる。物件選びには時間をかけるが、住宅ローン選びに時間をかける人は少ない。不動産業者が紹介する銀行の住宅ローンに決める人が多いのが実情だ。

販売業者が勧める住宅ローンの条件は、「購入を決めてもらう」ために設定されていると考えたほうがいい。月々の返済負担が重いと誰でも購入をためらうため、最も金利が低いが変動リスクを伴う変動金利型などのローンを勧められることが一般的だろう。

販売業者にとっては、とにかく住宅を購入してもらうことが一番であって、購入者が安心してローンを返済できるかどうかは二の次だ。また、購入する側も冷静さを失っていることが多く、「借りられる」ことに重点を置きがちだ。

住宅ローンは30年近くにわたり返済を続けなくてはならないもの。入居してハッと我に返ったとき、膨大な住宅ローンの額に呆然としないようにしたい。さまざまなリスクを考え、「返済できる」ことに重点を置いた住宅ローンのプランを考えてほしいところだ。

返済できるローン額の目安については、さまざまな計算方法がある。よく銀行での査定基準で用いられるのが、「返済比率」と言われるものだ。返済比率は、ローンの年間返済額を年収で割ることで計算される。例えば、年収が５５０万円であれば、年間の返済額が１１０万円であれば返済比率が20％となる（このときの金利条件は銀行によって異なる）。この比率がおおむね30〜35％以内であれば貸し出しが可能な基準と判断される。

ところが、この基準以内だからといって返済可能かどうかは別問題だ。同じ返済比率であっても、30歳の人と50歳の人では状況が大きく異なる。30歳ならあと30年以上は働けるものと考えられるが、50歳ならあと10年程度で退職を迎える。これから稼ぎ出す収入の総額には、大きな差があるのだ。

あなたが返せる住宅ローンの目安はこれだ

これまで数多くの家計を診断してきたが、貯め上手さんは一般的に家計の中で一番大きな固定費となる住宅関連費を上手に管理している。額面年収との比率を計算すると、住宅関連費を子どもがいる家庭で20％以内、独身や子どもがいない家庭では30％に抑えていることが多い。不動産価格の高い都心に住んでいると、かなり厳しい基準だが、シビアに住宅関連費を管理しているからこそ貯め上手になれるのだ。地方に行くともっとシビアで15%以内に抑えている人が多い。

もう一つの貯め上手さんの特徴として、住宅ローンの完済年齢を70歳以内に設定していることが多い。子どもを育てながら住宅ローンを返済していると、繰り上げ返済をしようとしてもその余裕はない。そのため、完済年齢を70歳超えで設定してしまうと、いくら頑張っても定年になる60歳までに完済することが難しくなる。

例えば完済年齢を70歳に設定するためには、45歳の人であれば返済期間は25年ということになる。最長35年まで組めるとしても、25年に抑える勇気が必要だ。当然ながら、返済期間を短くすると、年間返済額は高くなる。そのため、住宅ローンの借入額を小さくしておかなければ家計への負担が重くなる。

返済額の目安は、「住宅ローン年間返済額表」を使って概算できる（図表3－2）。

例えば、金利2％で35年ローンを組むケースを計算してみよう。ローン額が3000万円の場合の年間返済額は、表中の返済年数35年と住宅ローン金利2・0％がクロスした部分の4・0万円×30＝120万円とわかる。不破さんの年収は550万円なので、これではローンだけで20％を超えてしまう。

図表3−2
借入額100万円あたりの住宅ローン年間返済額表

（単位:万円）

	1.0%	1.5%	2.0%	2.5%	3.0%
10年	10.6	10.8	11.1	11.4	11.7
15年	7.2	7.5	7.8	8.1	8.4
20年	5.5	5.8	6.1	6.4	6.7
25年	4.5	4.8	5.1	5.4	5.7
30年	3.9	4.2	4.5	4.8	5.1
35年	3.4	3.7	4.0	4.3	4.7

マンションを購入すると、毎月の管理費・修繕積立金もかかる。戸建てであればかからないが、修繕は自己責任となるため、将来の修繕に備えて資金を積み立てておきたいところだ。もしも月2万円の管理費・修繕積立金のかかるマンションの購入を検討しているとしよう。この場合、借入する住宅ローンの目安は以下のように計算できる。

子どものいる不破さんの住宅ローン借入額の目安

（額面年収×０・２－年間の管理費・修繕積立金）／１００万円あたりの返済額×１００万円

＝（５５０万円×０・２－２万円×12）／４万円×１００万円

＝２１５０万円

不破さんは、住宅ローンの借入額が2150万円以内になるような物件を探すことが必要となる。もしも、子どもがいない家庭や独身者であれば、0・2を0・3として計算するといい。

また、妻が働いている状態での収入を前提に、住宅ローン額を計算するのも危険だ。残念ながら、現在でも男性よりも女性のほうが職の環境は悪い。出産・育児のために、休職や退職を余儀なくされることもある。そうでなくても、リストラの対象になることも考えておかなくてはならない。また、よくあるケースとしては、両親の介護のために退職することもある。

妻の収入がどのくらいの期間にわたってなくなると、返済が滞るだろうか。働けなくなる原因として、育児や介護を想定するならば、少なくとも5年程度にわたって収入がなくなっても問題なく返済できるか、検証してみよう。

さらに夫の収入がなくなったり、収入が大幅に下がったりしたときのことも検証しておこう。夫がリストラに遭ったり、突然「独立したい」と言い始めるなど、要因はいろいろと考えられる。もし収入がなくなったら、返済できなくなるケースがほとんどだろう。

その場合、例えば、住宅を売却すれば住宅ローンを完済できるだろうか。それができるのであれば、何とか逃げ切れる。しかし、残債よりも売却価格が低ければ、売却できないかもしれない。

他人に家を貸して家賃収入を得て、自分たちは安い家を借りて住むという手もある。住宅ローンの返済額や諸費用をすべて払えるくらいの家賃収入が入ればいいが、なかなか難しい。さらに、空室となると家賃収入は入らず、住宅ローンと家賃の二重負担となってしまう。

こうした事態を避けるには、購入時に頭金をできるだけ多く用意することだ。頭金が多いほど、住宅の時価が残債を下回る可能性が小さくなる。最近は頭金がゼロでも購入できると宣伝している物件も多いが、こうしたリスクを考えると、できるだけ頭金は準備しておきたいところだ。

利息によって返済額は膨らむ！

住宅ローンは借金だから、借りたら利息を付けて返さなくてはならない。この利息が膨大だ。例えば、３０００万円を年２％で30年間の元利均等返済で借りると、この間に支払う利息の総額は９９２万円にもなる。繰り上げ返済を一度もしなければという前提だが、借入額の約３割の利息を支払う計算だ。

長らく低金利状態が続いているため、住宅ローンの借り換えが進んだ。住宅ローンの場合は、金利が下がれば、他の条件が変わらなくても単純に支払額が下がる。借り換えによって、数百万円の利息を軽減できたケースも多い。とてもありがたいことだ。今後、金利が上昇すれば、簡単に利息軽減効果が出ることはなくなるだろうが、金利タイプの選び方は非常に重要だ。

ここ数年、住宅ローンの金利は過去最低金利と言ってもいい水準が続いている。ここまで金利が下がってくると、今後さらに金利が下がることを期待するよりも、金利が上昇することに注意すべきだ。特に、変動金利型や2年や3年といった短期の固定金利型で借りている場合、金利の上昇の程度によっては家計が破産することも考えられる。

変動金利型の住宅ローンは、5年間にわたり月々の返済額に変更はないが、その間は半年ごとに金利が変動するタイプが一般的だ。返済額が変わらずに金利が変わるということは、返済額の中に占める元金と利息の割合が変化する。

金利が上がると利息の割合が高くなり、元金の割合が低くなる。もしも、金利が急上昇すると、利息の額が返済額を上回り、「未払い利息」となることもある。こうなると、返済しても元金は一切減らないどころか、未払い利息がどんどん積み上がってしまう。

短期の固定金利型のローンには、変動金利型よりも低金利の商品もあるが、金利が急上昇した場合、変動金利型より短期の固定金利型のローンのほうがダメージは大きくなる。

3年の固定金利型のローンを借りている場合、最初の固定期間が終わる3年間は返済額が一定だ。その間の元金と利息の割合は途中でいくら金利が上がろうと当初約束したとおり払えばいい。ところが、固定期間終了後の返済額は、そのときの金利と残りの返済期間に応じて再計算される。そのため、固定期間が終了したときに金利が上がっていると、返済額が急上昇することもある。金利の上がり方によっては、返済額が2倍近くになることだって考えられる。

一方の変動金利型のローンであれば、5年後にいくら金利が上がっていても以前の返済額の1・25倍よりも新しい返済額が上がらないようになっている。返済額の総額を考えるとさほど差はないものの、家計の破産リスクという面で見ると、変動金利のほうがやさしいのだ。

意外かもしれないが、家計のリスクから見ると、金利が高いときに借りた住宅ローンは救いようがある。支払いが苦しくなっても、金利が低下すれば、借り換えによって返済額を少なくすることができるからだ。

金利が低いときに借りたローンは、借り換えで返済額が減ることは期待できない。金利は上昇するばかりで、確実に家計を苦しめることになる。今後金利が上昇してくれれば、住宅ローンによる家計の破産が続出してもおかしくない状況だ。

住宅ローンを選ぶ5つのポイント

それではここで住宅ローンを選ぶポイントをまとめておこう。年収や勤続年数、勤務形態によっては、そもそもローンを選ぶことができない場合もあるが、ここではあくまでローンを選ぶことができる前提で条件を挙げている。

(1) 金利の上昇リスクに注意する

長期固定金利であれば、金融機関が提示している金利で返済額などを検討すればいい。将来いくら金利が変動しようが、返済額は確定している。**変動金利や短期固定金利で借りる、もしくはすでに借りているのであれば、金利が4%程度まで上がったとして、リスク判定しておいたほうがいいだろう。4%程度まで金利が上昇しても返済が可能か、確かめておくのだ。**

今後金利はどこまで上がるかは誰にもわからない。わが国は1000兆円を超える債務があり、1%でも平均金利が上がれば、10兆円も利払い負担が増えてしまう。金利を上げにくい国になってしまったのは事実であり、ひょっとしたらこのまま低いかもしれない。
長期固定金利は、変動金利や短期固定金利に比べ、一般的に金利水準が高い。その分、返済額も高くなる。この高くなる分は、将来の金利上昇リスクをヘッジするための保険料と考えるとよい。家計に余裕があるなら、保険をかける必要はないだろう。金利の低い変動金利型を選んでも、大きな問題は起きにくいはずだ。

しかし、家計の体力がない人は、保険をかけて少々金利が高めでも、長期固定金利のローンを選んだほうが無難だ。長期固定金利のローンは金利が高すぎて手が出ないというのであれば、結局のところ、その住宅は予算オーバーなのだ。

予算オーバーの住宅を買うことは家計を破壊する威力を持っている。もっと安い家を探すか、諦めるか。できるだけ避けるべきだ。

(2) そのキャンペーン金利は全期間優遇か、当初期間優遇か

キャンペーン金利とは、「基準金利は２・４７５％ですが、１・７％優遇して、金利０・７７５％でいいですよ」といったものだ。

優遇されると気分がいいものだが、あなただけを優遇しているわけではない。もちろん、

一定の条件を満たす人しか使えないものもあるが、優遇してくれるから、と安易に決めるのはNGだ。できれば、**インターネットを活用するなどして、多くの銀行の金利を比較してみよう。**

このキャンペーン金利は、恐ろしいことに、当初の固定期間などが終わるとキャンペーンの優遇幅が小さくなる当初期間優遇型という商品もある。例えば、5年固定金利のローンを組むと、当初の5年間は大幅に優遇して2・2％優遇してくれるが、当初の固定期間である5年経過後は1・4％しか優遇してくれないといった形だ。5年後には金利が自動的に0・8％分上がってしまう。基準金利の上昇にこの優遇幅の縮小が重なるので、金利上昇のインパクトが増幅されてしまう。

以前に比べると、当初期間終了後の優遇幅が大きくなったので、インパクトは小さくなった。最初のたった数年間の金利の低さばかりに気を取られると、ゆくゆくは金利上昇に苦しむことになるかもしれない。返済期間は20年、30年と長いのだから、十分注意したい。

（3）団体信用生命保険料や保証料は金利に含まれるかどうかチェックする

各銀行の住宅ローンの条件を比較する際は、諸費用もチェックしよう。通常は金利を横並びにして比較をするだろう。ところが、この金利には団体信用生命保険料や保証料が含まれている場合と、含まれない場合があるので、注意が必要だ。

一般的な銀行の住宅ローンであれば、通常は金利の中に団体信用生命保険料が含まれている。銀行によって違うが、**ローン金利中のおおむね０・３％が団体信用生命保険料分だ。**

一方で、**フラット35の金利には、団体信用生命保険料が含まれていない。**そのため、別途団体信用生命保険料を支払う必要がある。したがって、一般的な住宅ローンと比較する際には、**フラット35ローン金利におおむね０・35％を加えると、ほぼ同条件で銀行の住宅ローンと比較できる。**

通常の団体信用生命保険は、住宅ローンの契約者が死亡・高度障害状態になったときに保険金が支払われ、残債が完済される仕組みだ。最近はがん保障、３大疾病（がん、心筋梗塞、脳卒中）保障といった特約を用意している銀行が多くなった。こうした特約を付ければ、通常の死亡・高度障害状態のときだけでなく、がんや3大疾病などで特定の状態に該当した場合に住宅ローンの残債が完済される内容になっていることが多い。

住宅ローンを抱えている人からは、「死んでしまえば住宅ローンがなくなるからいいけれど、障害状態になるなどして死ななかったときのほうが怖い」といった声を聞くことが多い。こうした特約を付ければ、より安心とは言えるが、別途、特約保険料を支払う必要がある。0・15〜0・4%ほどを上乗せすることが多い。

また、金利の中に保証料を含んでいる場合もある。保証料は通常は契約時に一括して支払うことが多い。銀行によっては金利に上乗せして保証料を払うことができる。そのため、最初から金利に上乗せされて提示されることもある。

この保証料分の上乗せ幅も、銀行や、契約者の属性にもよるが、0・2〜0・4%程度を見ておくといいだろう。

団体信用生命保険料や保証料が含まれているかどうかは、銀行に聞くほうが早くて正確だ。何%含まれているか確認した上で比較しよう。

(4)繰り上げ返済の手数料をチェックする

住宅ローンを繰り上げ返済すると、本来支払うはずだった利息分を節約できる。そのため、お金をせっせと貯めては、住宅ローンを繰り上げ返済するという人は多い。

繰り上げ返済には「期間短縮型」と「返済額軽減型」の二つの方法がある。期間短縮型は返済額を変えずに、返済期間を短くする方法。返済額軽減型は返済期間を変えずに、返済額を少なくする方法だ。

金利１・９％の住宅ローンを返済期間30年で３０００万円借りたとしよう。３年後に１００万円を繰り上げ返済した場合の利息軽減効果は、期間短縮型であれば65万円（15カ月短縮）、返済額軽減型であれば28万円（月３９４８円軽減）だ。このように、同じ時期に同じ金額を繰り上げ返済するのであれば、期間短縮型を選んだほうが効果は大きくなる（図表３－３）。どうしても退職までに完済したいということであれば、期間短縮型を選ぶほうがいいだろう。貯蓄はあるが、月々の返済が苦しいというときには、利息軽減効果が小さくても返済額軽減型を選んだほうがいいだろう。

この**利息軽減効果は、早い時期に繰り上げ返済するほど大きくなる。**先ほどのケースで、３年後ではなく10年後に期間短縮型で繰り上げ返済すると、利息軽減効果は44万円（13カ月短縮）。同じ１００万円繰り上げ返済する場合でも、その時期が３年後と10年後ではこれだけ違うのだ。

そうなると、貯蓄がまとまった金額になる前に、こまめに繰り上げ返済しようと考えるだろう。ところが、窓口で繰り上げ返済の手続きをすると、手数料が５０００～３万円程度かかる場合が多い。こんなに手数料がかかれば、効果が小さくなってしまう。

図表3−3
100万円繰り上げ返済したときの効果

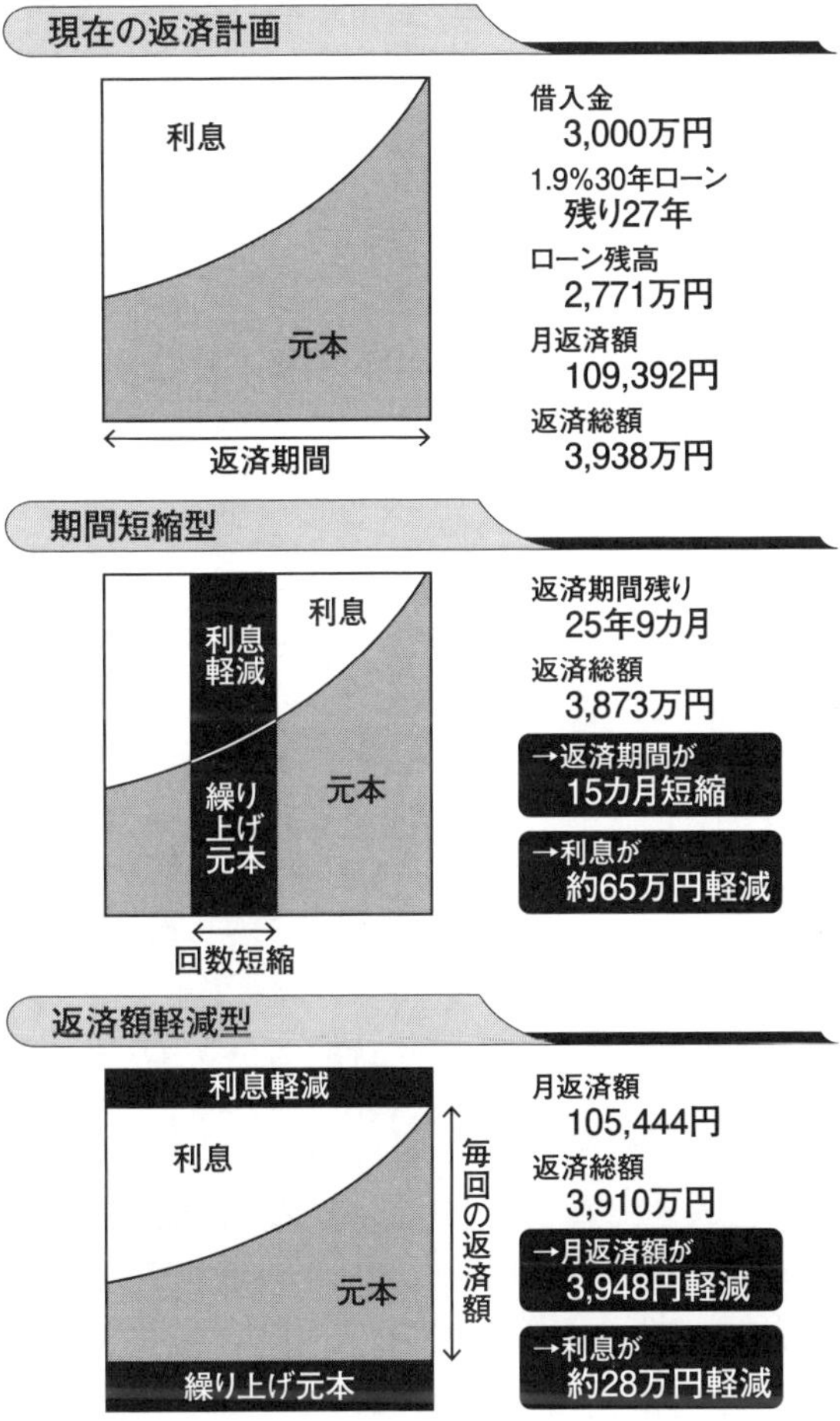

現在の返済計画
利息
元本
返済期間
借入金
3,000万円
1.9%30年ローン
残り27年
ローン残高
2,771万円
月返済額
109,392円
返済総額
3,938万円
期間短縮型
利息軽減
利息
繰り上げ元本
元本
回数短縮
返済期間残り
25年9カ月
返済総額
3,873万円
→返済期間が
15カ月短縮
→利息が
約65万円軽減
返済額軽減型
利息軽減
利息
元本
繰り上げ元本
毎回の返済額
月返済額
105,444円
返済総額
3,910万円
→月返済額が
3,948円軽減
→利息が
約28万円軽減

ところが、**インターネットを利用して繰り上げ返済すれば、手数料無料という銀行が多い。**手数料がかからないなら、毎月1万円ずつといった積立感覚でも繰り上げ返済できる。繰り上げ返済を積極的にしていく覚悟であれば、手数料もチェック項目に入れておこう。

今後金利が上昇していけば、預金金利のほうが借りている住宅ローン金利よりも高いという局面がくるかもしれない。その場合は、繰り上げ返済などせずに、そのまま預金で運用しておいたほうがいい。繰り上げ返済は手元資金を減らす。繰り上げ返済が好きな人は多いが、教育資金などのライフイベント資金を考えると、むやみに繰り上げ返済することは危険だ。繰り上げ返済をしすぎて、もっと金利の高いローンを借りる、なんてことのないように気をつけよう。

(5) 給与を振り込み指定できる銀行かチェックする

住宅ローンの返済は毎月行う。もしも、その銀行が普段使わない銀行であれば、毎月資金を移動させる必要があるかもしれない。通常は異なる銀行間で振り込みを行うと、振込手数料がかかってしまう。手数料を節約するために、ＡＴＭでお金を下ろして違う銀行に入金するのは面倒だろう。

給与振込口座のある銀行であれば、住宅ローンの返済には最も便利だ。もしも、給与振込口座のある銀行以外でいい住宅ローンを見つけたなら、工夫が必要だ。

・給与振込口座を変更する
・第2振込口座に指定する
・他行宛振込手数料が無料の銀行を利用する

給与振込口座を変更できれば一番だが、その他の水道光熱費や通信費、クレジットなどの引き落とし口座も同時に変更しなければならない。もしも、会社で第2振込口座を指定できるようなら、住宅ローンを借りる銀行を指定すると手続きが楽だ。

それもできないなら、他行宛振込手数料が無料の銀行に口座を開き、インターネットバンキングを活用して、少しでも楽に少ないコストで資金移動できるようにしておきたい。

第4章

生命保険の見直し プロのノウハウ

40代以上の生命保険は無駄だらけ

私たちの「家計の見直し相談センター」には、全国から年間数千枚の保険証券が寄せられる。これまで数多く生命保険の見直しを行ってきた経験から言うと、**現在の日本の生命保険は大きく分けて二つの問題を抱えている。**

一つ目は割合としては少なくなっているものの、無駄だらけな保険に加入している人が多い、という点だ。40代以上の人に多く見られる現象だ。その主な原因は、多くの人が生命保険に「GNP」で加入していることにある。GNPとは、「義理」「人情」「プレゼント」の頭文字をとったものだ。心当たりがある人が多いのではないだろうか。

保険は本来、リスクをカバーするために加入するものだ。「何を当たり前のことを」と思うかもしれないが、自分が死んだら家族にどの程度の経済的リスクがあるか、知っている人はほとんどいない。どの程度のリスクがあるか知らずに、どうやって保障額を決めたのだろうか。

職場の同僚が同じくらい入っているから？　それとも勧められるがまま？　他人と自分

の必要な保障が同じとは限らない。

多くの人が「生命保険はよくわからない」と感じている。そのため、たまたま出会った営業員に「縁」を感じて、その人の提案を信じることにする。最終的に、営業員の勧めてきたプランに加入するかどうかだけの判断をすることになる。こんな加入の仕方をしていたのでは、無駄があるのは当たり前だ。

偉そうなことを書いているが、私もＧＮＰで保険に加入した一人だ。初めて入った保険には、サラリーマン時代に生命保険会社の営業をしていた友人から加入した。当時は生命保険がどういうものかわかっていなかったし、友人の役に立つのなら、という思いで加入した。義理での加入だ。

さらに翌年には、会社に営業に来ていた営業レディーから加入した。テレビ番組表が載っている小冊子を毎週もらうようになると、次第に仲よくなった。バイオリズムを出してあげるからと言われ、生年月日と名前を教えると、数日後バイオリズムとともに保険設計書を受け取った。そして最後には、営業所長を名乗る若い男性とともにやってきて、「今月営業成績が苦しい……」と契約をお願いされ、断り切れずに契約してしまった。まさにプレゼントと人情だ。こんな経験を持っている方は少なくないはずだ。

しかしながら、テレビや車を買うときに、これほどいい加減な流れで購入する人はほとんどいないだろう。どの程度のスペックが必要かよく考えるはずだ。また、購入時にはインターネットで相場を調べたり、量販店に行って多くの商品を見比べたりして決断しているだろう。それでも失敗することはある。

一度、現在加入している保険が今後どのような保険料の推移をし、その結果、支払う保険料が総額いくらになるか試算してみるといい。

実際に私も保険会社に問い合わせて試算をしてみたら、加入していた定期付き終身保険の保険料総額は、約１３５０万円と計算された。私は月々１万、２万円程度だからと軽い気持ちで入ったが、長年払っていくことでこんな膨大な額になることに気づき、それが生命保険について勉強を始めるきっかけとなった。

20代、30代の問題は保障不足

もう一つの問題は、保障不足の人が増えていることだ。この問題は20代、30代の若者に増えている現象だ。40代以上の人は職場に生命保険会社の営業職員が来ることが多かった。

このような営業方法を職域営業という。昔は持ち株比率に応じて、職場に入れる保険会社を割り当てたりしていたが、最近は職域営業を許可しない会社が増えている。そのため、よくわからないまま生命保険に加入する人が減った。

そのこと自体はいいのだが、**保険への加入を勧められる機会がなくなったことで、保障が必要なのに保険に加入していない人が増えている。**また、保険の必要性を感じて保障を確保するとしても、お金を節約するために不十分な保障しか加入しないケースも多く見られる。

加入しすぎは家計をジワジワ苦しめていくが、修正は比較的簡単にできる。ところが、保障不足は深刻だ。例えば、保険に加入していない夫が亡くなったら、遺された家族が路頭に迷うことになるかもしれない。

ある団体で約１６００世帯のデータを分析した結果、なんと5割以上の世帯が保障不足と診断された。ほんの10年前までは、過剰な保障を見直すことが当たり前だった生命保険の見直しだが、いまや不足する保障をできるだけ家計の負担を増やさず確保することに重点が移ってきている。必要な保障はお金をかけてでも加入すべきなのだ。

生命保険を見直せば8割の家計で効果

「家計の見直し相談センター」に寄せられた生命保険の見直し相談を分析すると、8割以上の世帯で何らかの効果が出ている。つまり、ほとんどの家計で見直し余地があるということだ。

寄せられた相談を大きく分類すると、①**不安・後悔（びっくり）型**、②**ライフステージ型**、③**加入したい（前向き）型の3つに分けられる。**２００４年までは①が最も多いタイプだった。加入しすぎているのではないか、払いすぎではないかという相談だ。更新時期が来て、保険料が上がると聞いてビックリしたという相談も多い。

ところが最近は、②や③の相談の割合が増えている。②は結婚した、子どもが生まれた、住宅を購入した、子どもが独立した、といったライフイベントに際して保険を見直そうという相談だ。このライフステージ型の相談は、コンスタントに寄せられる。

そして、**最後の③のタイプの相談が、最も数が伸びている。**資料請求して集めたパンフレットをたくさん持ってきて、「集めれば集めるほど、どの保険にしていいかわからなくなった」と言う人も多くなった。保険のCMや広告があふれていることが原因だ。比較するのはいいことだが、選択する基準もなしに資料を集めすぎると、選べなくなってしまうので要注意だ。

この中で、**①と③のタイプの人は「加入しすぎ」という結果になることが多い。**①のタイプは、40代以上のGNP加入している人がほとんどだからわかりやすい。③のタイプの人は、いろいろな保険に目移りすることで保険の契約件数が多く、保障が重なっているケースが多い。

②のタイプは、逆に保障が足りないケースが多い。子どもが生まれたときには必要な保障額が高くなるが、保険に加入していなかったり、また、保険に加入していても、家計が苦しく素人判断で保障をカットしすぎてしまい、保障が足りなくなったりするケースもある。保障が足りないなら、不足する保障に低コストで加入すればいい。現在加入している保険も見直してより低コストにできれば、保障が増えたとしても家計の負担はほとんど変わらず、むしろ負担を減らせるケースもある。

中には、具体的な見直しプランが決まっても見直しが進まないケースもある。「あの人に言いにくい……」と、加入した担当者への義理や人情で見直しができないのだ。

これでは、誰のために保険に加入しているかわからない。ただの「いい人」では、家計は守れない。自分たちのために加入するのなら、自分に合ったように見直そう。

生命保険見直しのステップ

それでは、実際に生命保険の見直しの手順を見てみよう。

まずは、加入の目的を明確にすることだ。なぜ生命保険に入ったのかを尋ねると、多くの人から、「夫に万一のことがあると困るから」「病気になると治療費が……」といったシンプルな答えが返ってくる。

ところが、実際に入っている保険を見ると、さまざまな特約がテンコ盛りのセット商品に仕上がっている。何のために加入したのか、目的から整理し直したほうがいい。

生命保険への主な加入目的は、「死亡保障」「医療保障」「生存保障」の3つだ。介護や身体障害状態に対する保障が続々登場しているが、これらは死亡保障と医療保障のちょうど中間的な性格のもの。生きているが稼ぐことができない「経済的死亡」と言われる状態に対する保障だ。

こうした保障があれば安心だが、これらの保険料単価は割高だ。当然ながら、支払う保険料は高くなる。不安だからといって保険料を多く払ってしまえば、その分老後資金が少なくなり、今度は老後が不安になってしまう。

まずは、死亡保障と医療保障といった基本的な保障をしっかりと確保しよう。その上で、まだお金に余裕があれば、その他の保障を検討すればいい。ただし、基本的な保障のうち、生存保障は貯蓄みたいなものだ。保険で確保する必要はなく、他の金融商品と比較検討して、保険が有利であれば加入すればいい。

加入の目的が確認できたら、それぞれの必要な保障額と期間を確認しよう。そして、現在加入している保険が、必要な保障にマッチしているのかどうか確認すればいい。

必要な保障額は、家族構成やライフプランによって異なる。例えば、独身者であれば高額な死亡保障のニーズは小さく、医療保障が相対的に重要だろう。ところが、結婚して子どもができれば状況は変わる。妻が専業主婦で夫が大黒柱として働いていれば、夫は高額な死亡保障が必要となるだろう。必要保障額は一般的に末子が生まれたときがピークとなる。

さらに住宅を購入すると、一般的には住宅ローンを借りると同時に、団体信用生命保険に加入する。債務者に万一のことがあると、団体信用生命保険から保険金が出て、住宅ローンが完済される。そのため、住宅を購入すると必要な保障額が大きく減少する。

さらに、退職して年金生活に入れば、働かなくても生活ができるわけだから、遺族の生活保障を考える必要はほとんどなくなる。

このように、同じ人でもライフステージによって、必要な保障額は大きく異なるのだ。雑誌などを読むと、女性の死亡保障は「お葬式代程度で十分」という解説がされていることが多い。これは家計の保険料負担を小さくするために、死亡保障の優先順位をつけると女性のほうが低いという理由からだろうが、実際にはまとまった保障が必要なケースは多い。

専業主婦であっても、子どもが小さいときに亡くなれば、実家に頼るか、保育園などを利用することになる。夜間まで面倒を見てもらうには保育料は高額になるケースが多い。また、家政婦やベビーシッターを雇うかもしれない。男性が残された場合、実家が頼れなければ、経済的な負担は重くなることがある。

また、妻に収入がある場合には、その収入がなくなることになる。妻の収入がなければ、住宅ローンが払えなくなるケースも多い。また、夫が亡くなった場合には遺族年金が支給

図表４−１
必要保障額の推移モデルと目安

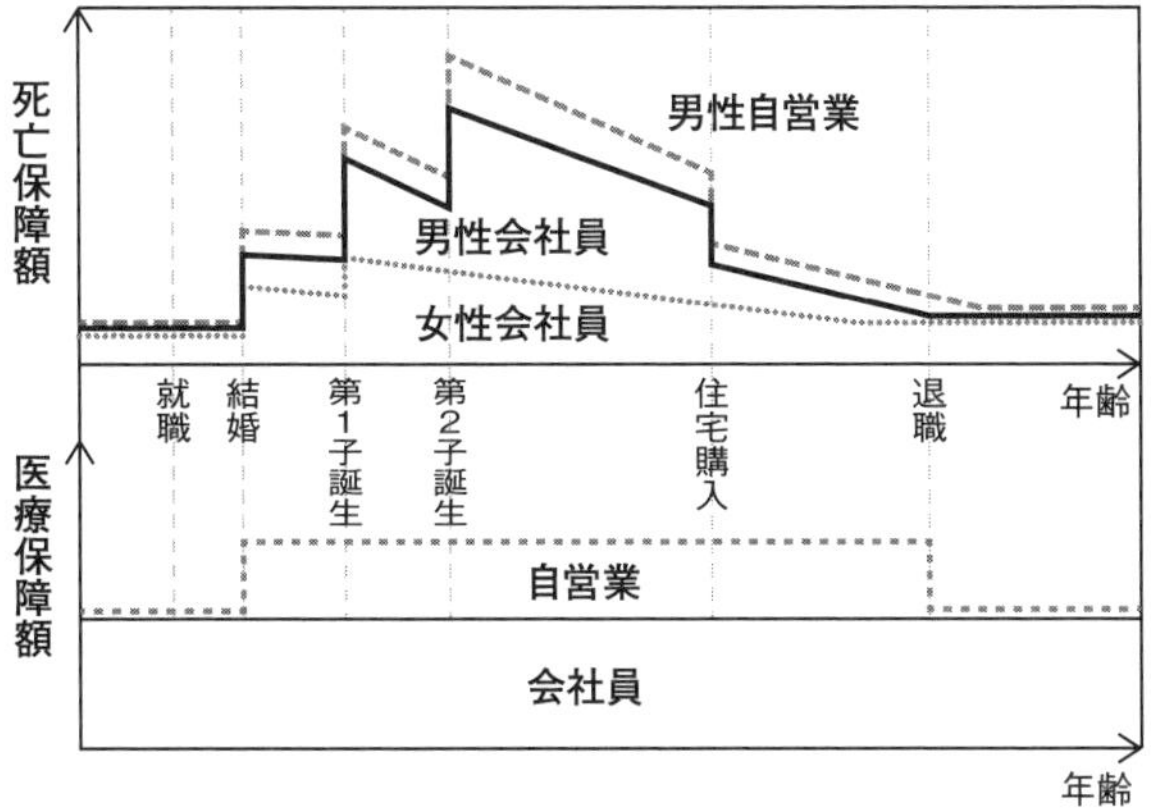

家庭タイプ別必要保障額の目安

家庭状況		死亡保障		医療保障(日額)	
	子ども	男性	女性	男性	女性
独身		0〜300万円		5,000〜1万円	
夫婦（専業主婦）	なし	300万〜1,500万円	0〜300万円	5,000〜1万円	
	あり（2人）	3,000万〜5,000万円	0〜1,000万円	5,000〜1万円	
夫婦（共働き）	なし	0〜300万円	0〜300万円	5,000〜1万円	
	あり（2人）	1,000万〜4,000万円	0〜2,000万円	5,000〜1万円	
家庭状況の変化		死亡保障		医療保障(日額)	
自営業なら		+2,000万〜3,000万円		+5,000〜1万円	
賃貸住宅なら		+1,000万〜3,000万円		−	
子どもが１人なら		−1,000万〜1,500万円		−	
子どもが３人なら		+1,000万〜1,500万円		−	

される。妻が亡くなった場合、子のある夫にも遺族基礎年金が、子にも遺族厚生年金が支給されることにはなっているが、夫が亡くなった場合に比べると支給総額が少ない。そのため、妻の必要保障額のほうが夫より大きくなることもある。

イメージをつかんでいただくために、前ページに目安を示したが（図表4－1）、何がどの程度必要なのかは、それぞれの家族の事情によってまったく異なってくる。

死亡保障に必要な額は、被保険者となる人が死亡した後に、遺族が支出する総額から収入の総額と現在の金融資産を差し引いて計算される（図表4－2）。

この計算シートで一番難しいのは、公的年金の計算だ。遺族の収入の大半を占める公的年金だけに、よくわからない場合は、一度専門家にきちんと計算してもらうことをおすすめする。

夫がサラリーマンであれば、通常は厚生年金に加入している。夫の死亡時には、「遺族厚生年金」が妻に対して支払われる。子どもがいれば、その子が18歳になる年度末まで「遺族基礎年金」ももらえる。

妻が65歳になれば、自分の老齢基礎年金を受け取るようになる。遺族基礎年金が終わってから、自分の老齢基礎年金を受け取るようになる65歳までは、「中高齢寡婦加算」とい

図表 4−2
遺族年金等公的年金の計算（2014年9月現在）

①サラリーマンの不破さんが亡くなったら…
（不破さんのこれまでの平均的な年収を400万円として計算）

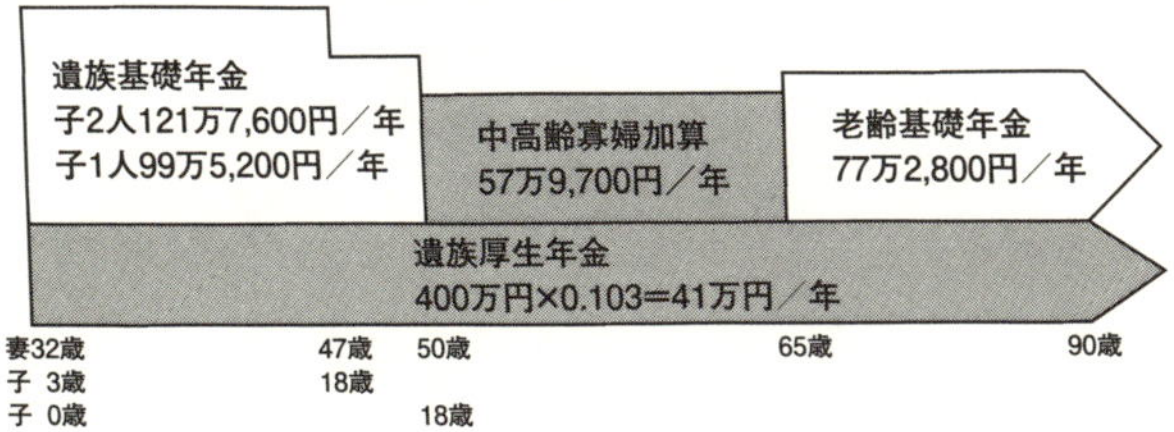

②不破さんが自営業になった後に亡くなったら…

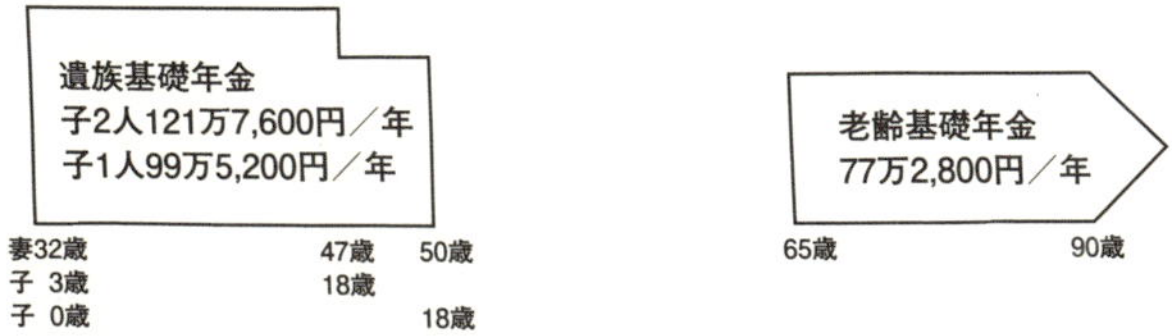

国民年金から支払われる遺族基礎年金
（18歳に達する年度末までの子のある妻または夫）

18歳未満の子どもの数	年金額	合計
基本額	772,800円	—
1人	+222,400円	995,200円
2人	+222,400円	1,217,600円
3人	+74,100円	1,291,700円
4人	+74,100円	1,365,800円

厚生年金から支払われる遺族年金

年金の種類	年金額	受け取り期間
遺族厚生年金	平均的な年収 ×0.103（*）	夫の死亡した月の翌月から妻の死亡または再婚まで
中高齢寡婦加算	579,700円	①遺族基礎年金が終了したとき40歳に達している妻が、65歳になるまで ②子どもがいなくても夫死亡時に40歳に達している妻が、65歳になるまで

*厚生年金への加入期間が25年超の場合は、0.103×加入月数／300を使う

う年金ももらえる。夫がサラリーマンであれば、公的年金から結構手厚い保障が得られるのだ。

もし、夫がサラリーマンを辞めて、独立して自営業になると事情は変わる。加入する年金制度が国民年金に変わるので、遺族厚生年金と中高齢寡婦加算がもらえなくなる。そのため、基本的には遺族基礎年金と妻の老齢基礎年金しかもらえない。サラリーマンに比べると、手薄な保障と言わざるを得ない。

ではここで、不破さんの必要な保障額を見てみよう。マンション購入前の現状では、不破さんが死亡したときに残される妻や子どもが使うお金の総額は一生涯の家賃を含めると２億１２８万円となった。これは妻が平均余命まで生きると仮定して計算している。

一方で、収入の総額と貯蓄を合わせると１億１５６７万円になる。差し引き８５６１万円も支出のほうが大きいことがわかる。この差額分がマンション購入前の必要保障額となる。

これからマンションを購入すると（図表４－３）、住宅ローンを組むと同時に団体信用生命保険に加入するので、万一の際には住宅ローンがチャラになる。住居費が維持費だけで

図表 4−2
遺族年金等公的年金の計算（2014年9月現在）

①サラリーマンの不破さんが亡くなったら…
（不破さんのこれまでの平均的な年収を400万円として計算）

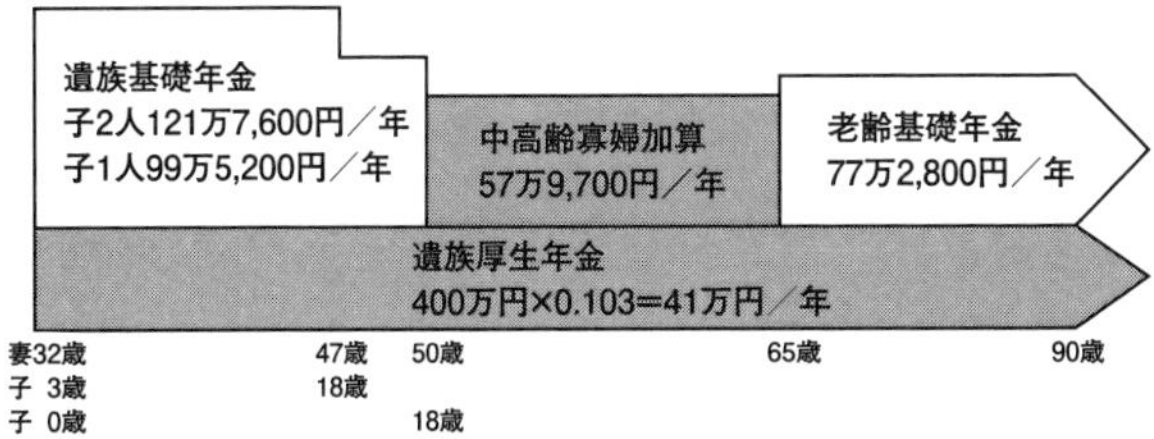

②不破さんが自営業になった後に亡くなったら…

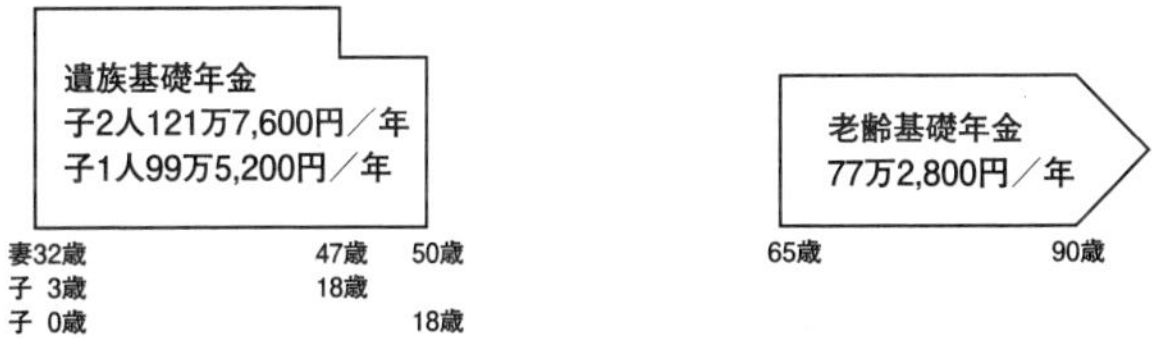

国民年金から支払われる遺族基礎年金
（18歳に達する年度末までの子のある妻または夫）

18歳未満の子どもの数	年金額	合計
基本額	772,800円	—
1人	+222,400円	995,200円
2人	+222,400円	1,217,600円
3人	+74,100円	1,291,700円
4人	+74,100円	1,365,800円

厚生年金から支払われる遺族年金

年金の種類	年金額	受け取り期間
遺族厚生年金	平均的な年収 ×0.103(*)	夫の死亡した月の翌月から妻の死亡または再婚まで
中高齢寡婦加算	579,700円	①遺族基礎年金が終了したとき40歳に達している妻が、65歳になるまで ②子どもがいなくても夫死亡時に40歳に達している妻が、65歳になるまで

*厚生年金への加入期間が25年超の場合は、0.103×加入月数／300を使う

う年金ももらえる。夫がサラリーマンであれば、公的年金から結構手厚い保障が得られるのだ。

もし、夫がサラリーマンを辞めて、独立して自営業になると事情は変わる。加入する年金制度が国民年金に変わるので、遺族厚生年金と中高齢寡婦加算がもらえなくなる。そのため、基本的には遺族基礎年金と妻の老齢基礎年金しかもらえない。サラリーマンに比べると、手薄な保障と言わざるを得ない。

ではここで、不破さんの必要な保障額を見てみよう。

マンション購入前の現状では、不破さんが死亡したときに残される妻や子どもが使うお金の総額は一生涯の家賃を含めると2億１２８万円となった。これは妻が平均余命まで生きると仮定して計算している。

一方で、収入の総額と貯蓄を合わせると1億１５６７万円になる。差し引き８５６１万円も支出のほうが大きいことがわかる。この差額分がマンション購入前の必要保障額となる。

これからマンションを購入すると（図表４－３）、住宅ローンを組むと同時に団体信用生命保険に加入するので、万一の際には住宅ローンがチャラになる。住居費が維持費だけで

図表4－3
必要保障額の計算

	項目									
支出	生活費（子独立まで）	月	14	万円	×12×	22	年間	＝	3,696	万円
	生活費（子独立後）	月	11	万円	×12×	36	年間	＝	4,752	万円
	家賃・駐車場代	月		万円	×12×		年間	＝	0	万円
	管理費・修繕積立金	月	2	万円	×12×	58	年間	＝	1,392	万円
	リフォーム費用							＝	500	万円
	固定資産税	年	15	万円	×	58	年間	＝	870	万円
	自動車（買換費用）			万円	×		回	＝	0	万円
	自動車（維持費）			万円	×		年間	＝	0	万円
	教育費		1,200	万円	＋	1,200	万円	＝	2,400	万円
	結婚資金援助		100	万円	×	2	人	＝	200	万円
	住宅資金援助			万円	×	2	人	＝	0	万円
	葬儀費用							＝	300	万円
	その他（子独立まで）	年	30	万円	×	22	年間	＝	660	万円
	その他（子独立後）	年	20	万円	×	36	年間	＝	720	万円
						支出合計			15,490	万円

	項目									
収入	公的年金合計（詳細は遺族年金の推移図参照）								7,307	万円
	死亡退職金								500	万円
	弔慰金									万円
	妻の所得	年	120	万円	×	28	年間	＝	3,360	万円
	その他収入（相続など）								0	万円
	貯蓄								100	万円
						収入合計			11,267	万円

必要保障額＝支出－収入　4,223万円

済むようになるため、支出の総額は1億５４９０万円と少なくて済む。頭金や購入時の諸費用として、自己資金を３００万円使う予定なので、収入の総額と金融資産額の合計が１億１２６７万円と少なくなるが、必要保障額は４２２３万円と少なくなる。

このように、住宅を購入すると必要保障額が小さくなるケースが一般的だ。生命保険を見直して、保険料を削減できれば、住宅ローンの支払いも楽になるはずだ。生命保険の見直しどきとも言えよう。

アカウント型保険の抱える問題点

次に、不破さんの加入している保険が、この保障ニーズに合っているかどうか調べてみよう。

不破さんの加入している保険は、死亡したときの保障金額が65歳までは５０００万円、アカウント部分の保険料をゼロとしているため、終身保障はゼロだ。医療保障は80歳まで入院日額1万円の保障を確保できる。

保障額と期間から見ると、マンション購入後の保障ニーズにほぼ合っていると言えそうだ。このまま継続してもよさそうに見える。ところが保険料に大きな問題がある。

　支払っている保険料は月1万３３１０円だ。この保険料だけ見ると、高いとは言えない。ところが、不破さんの保険をこのまま続ければ、40歳時に保険料が月1万９９５０円、50歳時には月３万７１９０円、60歳時には月６万７７２０円に上がってしまうことがわかった。さらには、保険料の払い込みが満了する65歳時以降は80歳まで傷害・医療関係の特約保険料を年17万６５２０円支払う必要があるという。その結果、一生涯に支払う保険料総額は、約１４００万円にもなると予測された（図表４－４）。

　ただでさえこれから住宅ローンの支払いが心配だし、保険料が上がった後の45歳には長男が中学校、48歳には高校に進学する。しかも、保険料総額が１０００万円を超えるとなると、老後資金も心配だ。

「保険料がこんなに上がっていくのは困る。保険料の総額を少しでも下げられないだろうか」と、不破さんは考えた。

　不破さんが加入しているのは、一般的に「アカウント型」と呼ばれる保険だ。これは、利率変動型積立終身保険を主契約に、さまざまな種類の特約をセットした商品を指す。主契約となっている利率変動型積立終身保険は、積立金に相当する部分を銀行の普通預金の

図表4−4
アカウント型のイメージ

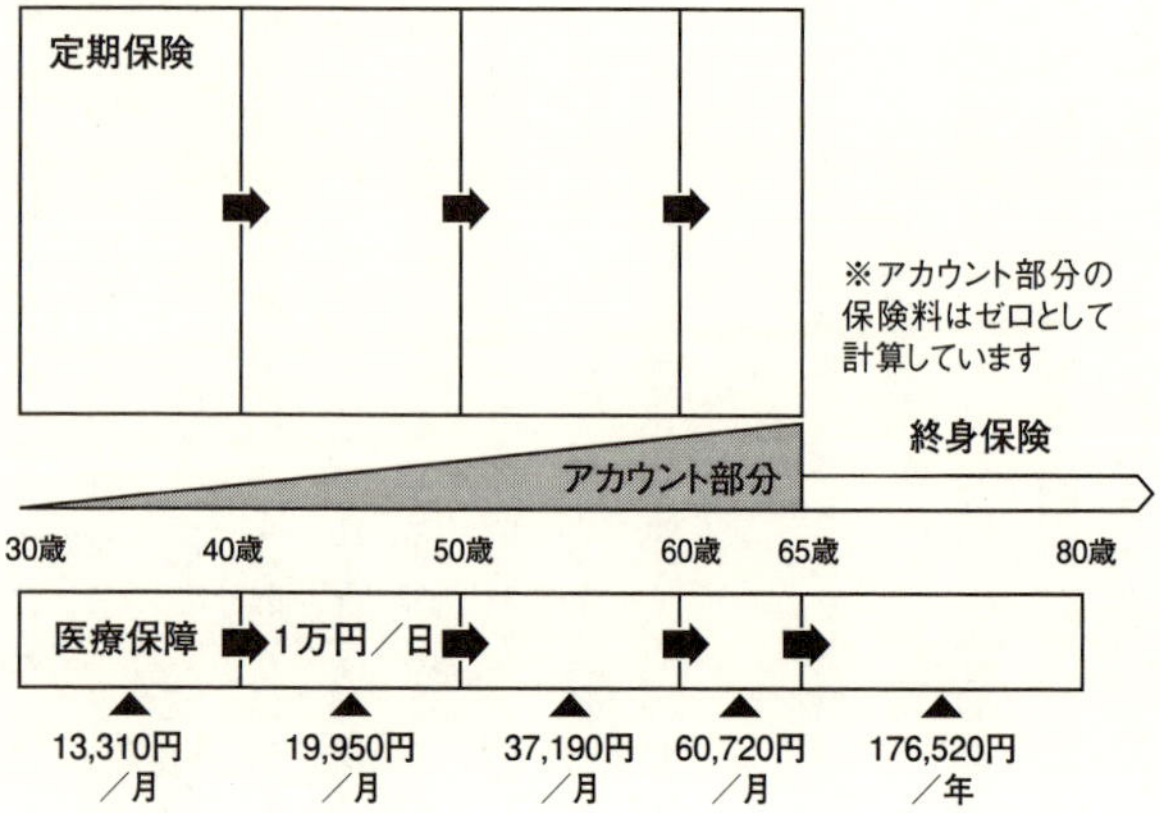

今後の支払保険料総額

35〜40歳	13,310	×12×	5	＝	798,600	円
40〜50歳	19,950	×12×	10	＝	2,394,000	円
50〜60歳	37,190	×12×	10	＝	4,462,800	円
60〜65歳	60,720	×12×	5	＝	3,643,200	円
65〜80歳	176,520	×	15	＝	2,647,800	円

支払保険料総額　13,946,400 円

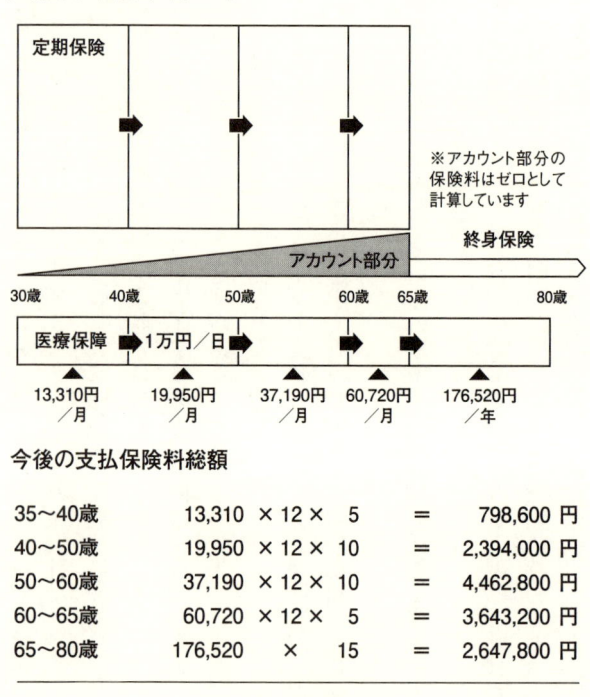

ように流動性を持たせて、さまざまな機能を付加している。大手生命保険会社で保険に加入した男性は、よく似たタイプの保険に加入している可能性が高い。

アカウント型保険に付加されている特約の多くは、契約後10年や15年といった期間が経つと更新時期を迎え、保険料が上がっていく。更新時には、そのときの年齢で保険料が再計算されるが、年齢が高くなれば死亡率も高くなるため、保険料が上がることになる。

アカウント型保険は、いくつかの大手生命保険会社の主力商品となっているが、1990年代は定期保険特約付終身保険というアカウント型保険に似た保険が主力商品だった。40代以上の人は、定期保険特約付終身保険に加入しているケースも多いだろう。これらの大手生命保険会社で多く販売される商品が抱える問題点について、まとめておこう。

(1) さまざまな特約が満載のセット商品になっていることが多い

保険を販売する側としては、「あれも心配、これも心配」と思わせることが第一歩だ。まずはいろいろな保障が満載の商品を見せるところから商談を始める。加入する側からすると、こんなにも必要ないと思いながらも特約を削ることは難しい。例えば、がん特約をいらないと言うと、かえって「がんになったらどうしよう……」と心配になる。

反対に、何も特約が付いていないシンプルな保険から商談がスタートしたら、どうだろうか。がん特約を追加すると保険料がいくらかかるのか、しっかりとチェックするに違いない。その結果、保障が満載の保険に加入することは少なくなるだろう。

このように、商談が始まる状態の違いで行動が左右されてしまう。こうした現象を、行動経済学では「アンカリング効果」と言う。

消費者としては、まずは最低限の保障をシンプルに確保するプランからスタートすることを心がけよう。その状態でいくらかかるのかチェックし、それでも余裕があれば、がん保険など、必要な保障を追加すればいいのだ。

(2) 更新時期が子どもの教育などのイベントと重なることが多い

子どもが生まれた時期に生命保険を見直す人は多い。そうなると、10年や15年後に更新時期を迎えると、子どもが小学校高学年から中学生くらいの時期に重なってしまう。教育費がかかるので保険料の上昇を抑えたいが、子どもに教育費がかかっている時期は気持ち的に保障額を下げにくい。

加入時にきちんと説明されていれば、将来を考えてプランを検討すればいい。少なくとも、更新前にこうした事態は予測できるはずだ。問題があるのであれば、早めに更新のないタイプの保険に切り替えるべきだ。

(3) 支払保険料総額が高額になることが多い

更新型の保険は、契約当初には保険料が安く払いやすい。ところが、更新ごとに保険料が上がっていくため、最終的には支払保険料総額が高額となる。

例えば、30歳の男性が、ある会社の保険金額3000万円の定期保険に加入するケースを考えてみよう。30歳から60歳まで10年ごとに更新するタイプの定期保険の支払保険料総額は383万円、30歳から60歳まで最初から保険期間を30年確保する定期保険は324万円だ。それぞれ同じ期間、同じ保障額を確保しているが、更新するタイプは当初の保険料は安いのに、最終的には支払保険料総額が高くなることがわかる。

(4) 医療関係の保障が80歳までで切れることが多い

医療関係の保障は一生涯ほしいという人は多い。ところが、アカウント型保険や定期保険特約付終身保険の医療関係の特約は、80歳までしか更新できないという商品が多い。現在販売されている商品は、終身の医療保障を確保できるものが増えているが、10年以上前から加入している保険の特約は、80歳までしか保障されないものが多い。老後の医療保障が重要と考えるのであれば、終身の医療保障が確保できる保険へ入り直すことも検討しよう。

不破さんは、現在加入している保険だけではなく、他の保険会社の保険も比較することにした。保障額は変えずに違う会社の商品にすると、保険料がどの程度になるかを調べてみた。医療保障の保障期間は希望通り終身にして、途中で保険料が上がらず、更新のない非喫煙健康体型の定期保険に切り替えてみた（図表４－５プラン①）。

その結果、月の保険料は１万３３１０円から１万５８９２円に２５８２円上がったが、更新はなくなり、80歳までの支払保険料総額で見ると、６３７万円と半額以上下がることがわかった。

さらに、不破さんは、最終的に非喫煙型の収入保障保険（65歳満期、年金月額18万円＝一時金受取時の当初保障額５０３０万円、最終保障額４３２万円）と、65歳払い込み満了の終身医療保険（日額1万円、死亡保障０円）に見直すことにした（図表４－５プラン②）。

そうすると、保険料は65歳まで月１万６１１２円、支払保険料総額は約３８２万円と大幅

図表 4−5
見直しプラン

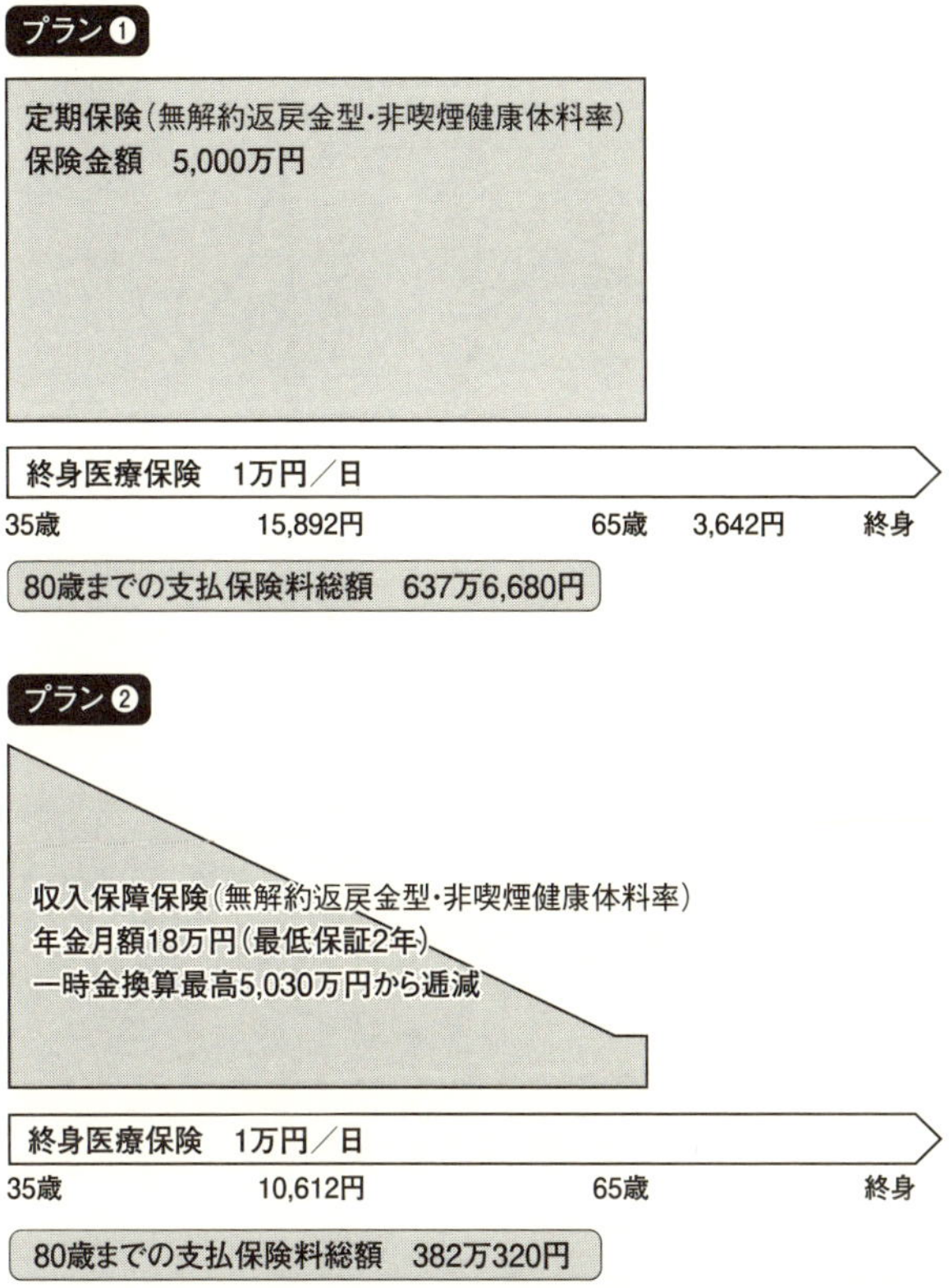
プラン❶
定期保険（無解約返戻金型・非喫煙健康体料率）
保険金額　5,000万円
終身医療保険　1万円／日
35歳
15,892円
65歳
3,642円
終身
80歳までの支払保険料総額　637万6,680円
プラン❷
収入保障保険（無解約返戻金型・非喫煙健康体料率）
年金月額18万円（最低保証2年）
一時金換算最高5,030万円から逓減
終身医療保険　1万円／日
35歳
10,612円
65歳
終身
80歳までの支払保険料総額　382万320円

図表 4−6
生命保険見直し前後の家計の変化

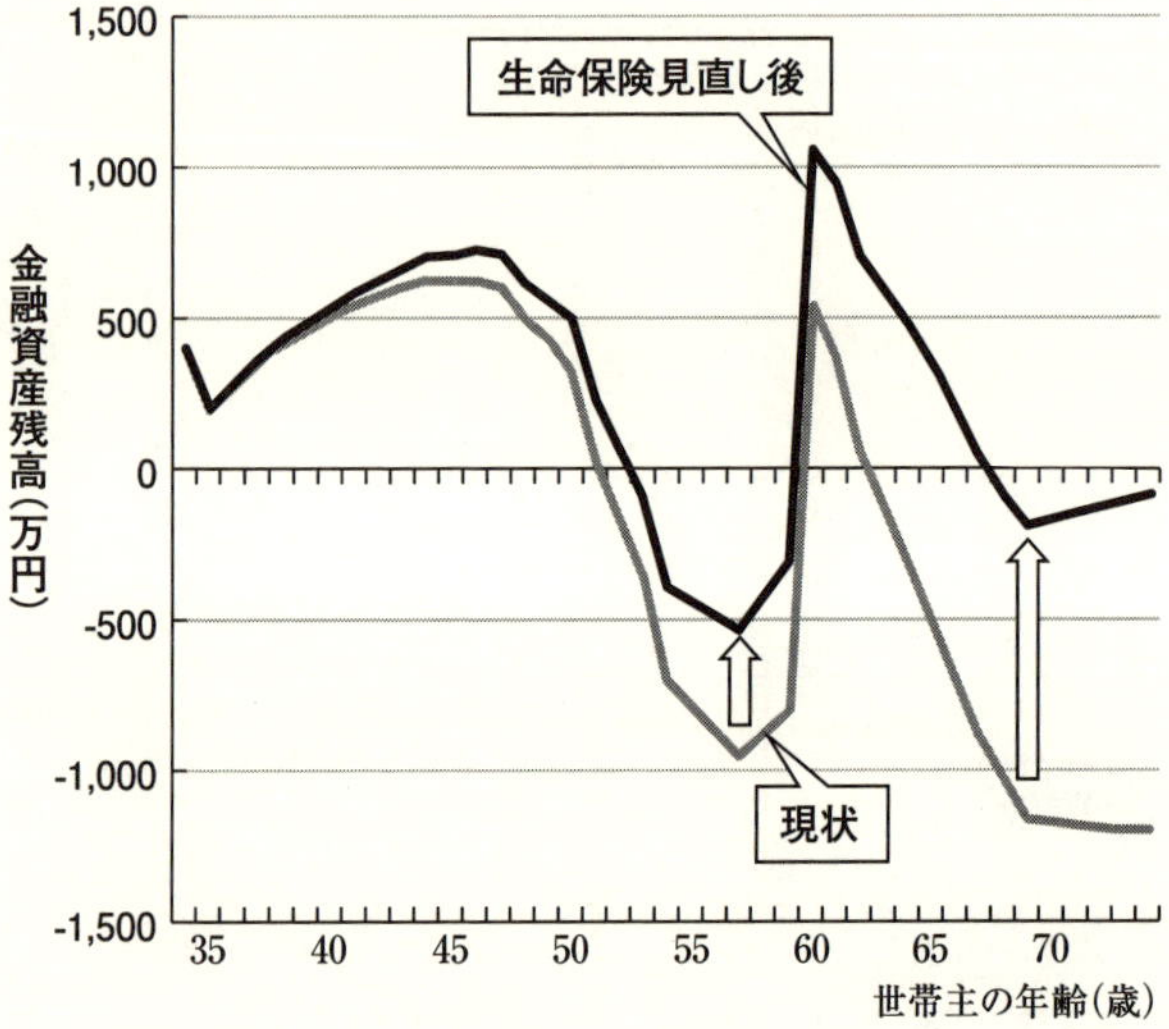

に低くなった。これによって、不破さんの金融資産残高曲線は大きく改善した（図表4－6）。それでも2度の破産の危機から抜け出すことはできなかったが、危機を脱け出す第一歩を踏み出すことはできた。

生命保険を見直す7つのポイント

不破さんは死亡保険金額も、終身の医療保障額も同じなのに、生涯の支払総額が半額以上圧縮できた。無駄だらけの生命保険は、非常に見直しがいのある固定費だ。貯蓄を殖やすために生命保険料を見直さない手はない。

もちろん、保障が不足している人が家計の負担をできる限り増やさずに必要な保障を確保するときにも、同じポイントが使える。

では、生命保険を見直すポイントをまとめてみよう。

（1）保険会社はどこも同じではない

どこの保険会社もあまり変わらないと思っているかもしれないが、それは大きな間違いだ。生命保険も例外なく自由化が進んでいる。毎年新しい商品が続々と登場し、同じような商品でも、各社間の保険料の差は大きくなってきている。**似たような内容の商品で比較すると、保険料の高い会社と安い会社では1～2割の差がつくのが当たり前だ。できるだけ多くの情報を集めて、比較検討しよう。**思った以上に差があることがわかるはずだ。

同じ保障なら、保険料は安いほうがいい。万が一のことが起きれば、保険金を受け取ることができるが、運よく無事に老後を迎えれば、保険料を多く払ってしまった分だけ、あなたの老後資金は少なくなる。

（2）毎回の保険料だけでなく支払保険料総額も比較する

商品の比較をしていると、どうしても毎回支払う保険料の高低で比較しがちだ。しかし、保険料の低いものは終身払いや、保険料が上がっていく更新型の定期保険であることが多い。こうした商品は毎回の保険料が低いため、早死にした場合には得かもしれない。ところが、多くの人は早死にするリスクはカバーしたいが、実際に早死にするとは想定していない。それであれば、**平均余命くらいは生存するものと仮定して、支払保険料総額を計算**

してみるといい。

例えば、30歳の男性がある会社の終身保険に保険金額500万円で加入するケースを例にあげてみよう。保険料の支払い方法が終身払いの場合、月払い保険料は7630円、60歳払込満了では1万9980円だ。終身払いのほうが3割近く保険料が低い。

ところが、80歳までの支払保険料総額を比べると、終身払いは458万円、60歳払込満了は395万円と逆転現象が起きる。その間の金利を無視すると、73歳が損益分岐点だ。73歳より早死にするなら終身払い、長生きするなら60歳払込満了のほうが有利という見方もできる。

これは住宅ローンの返済期間を長くすると、月の返済額は少ないが、返済総額が多くなるという現象と同じと考えるとわかりやすい。足元の家計が苦しいから月の保険料を低くすると、結局は総額が高くなり、老後資金が少なくなることもあるので注意しよう。

（3）リスク区分型保険を活用する

不破さんはタバコを吸わないので、非喫煙健康体型の保険を使った。これはリスク区分型保険といって、死亡率が比較的低いタバコを吸わない人や健康状態がいい人などを対象に、保険料を割り引く商品だ。こうした**リスク区分型保険は標準型の保険に比べ、２〜４割保険料が低くなる。最も高い保険会社の標準型の商品と比べると、半額近くになることもあるのだ。**

同じ会社で保険料を比べてみよう。ある会社で30歳男性が保険期間30年、保険金額３０００万円の定期保険に加入したとすると、標準型の保険料は月７７７０円、非喫煙健康体型の保険料は月５８２０円だ。同じ会社の中で比べても25％も保険料が安くなる。割引率の大きな商品は、タバコを吸わないだけでなく健康状態もよくなければ使えないケースが多いが、使えるものなら使いたいものだ。

（４）逓減タイプの定期保険を活用する

必要保障額は、通常は末子が生まれたときがピークとなる。それ以降は順調に減少し、退職前後でお葬式代程度になる。それなら、**必要保障額の減少に合わせて、保障額も小さくしていこうという考え方の保険が、逓減型の定期保険だ。**

逓減型の定期保険には、その名もズバリの逓減定期保険とほぼ同等の内容の収入保障保険がある。逓減定期保険は死亡・高度障害時には一時金で保険金を受け取るが、収入保障保険は保険金を年金形式で分割払いする保険だ。例えば、30年満期で加入し、加入後すぐに亡くなれば、30年間年金が支払われる。10年後であれば20年間、20年後であれば10年間という形で、亡くなる時期が遅くなるほど年金が支払われる期間が短くなる。そのため、逓減定期保険とほぼ同じ保険と言える。

逓減型の定期保険は、死亡率の高い高齢期になるほど保障額が小さくなるため、保険料は割安になる。

例えば、（３）と同じ会社の逓減定期保険の保険料を比較してみよう。30歳男性が30年満期で当初３０００万円から最終的には６００万円まで保障額が逓減する条件では、標準型の保険料は月３７２０円、非喫煙健康体型の保険料は月２７３０円だ。（３）で紹介した標準型の定期保険から比べると、３分の１程度の保険料となる。

これだけ安いなら使わないと損という感じだが、デメリットはある。必要保障額が退職に向けて減るといっても、計画通りお金をしっかり貯められるとは限らない。一生働き続けなければ生活ができないのなら、家族のために一生死亡保障をかけておく必要も出てくる。しかしながら、そんな生活を望んでいる人はほとんどいないだろう。保険料をできるだけ少なくして、その分を老後のために貯めておきたいところだ。

また、インフレのリスクにも注意が必要だ。保険はもともとインフレには弱い商品だが、保障額が逓減するため、急激なインフレには対応できない。

こうしたリスクを考えると、**保険料が割安な逓減型の定期保険だからこそ保障額は高めに、保障期間は長めに、余裕を持った設計を心がけよう。**

（５）終身医療保険を活用する

医療保険には定期型と終身型がある。定期付き終身保険では一般的に定期型の医療特約がセットにされている。医療保障のように高齢になるまで保障ニーズが続く場合、定期型の保険は支払保険料総額が高くなりがちだ。

ある保険会社の医療保険に30歳の男性が加入するケースを想定して、10年満期の医療保険を80歳まで更新させた場合と、終身医療保険とを比べてみよう（図表４－７）。

日額１万円の医療保険に加入すると、保険料は定期型の場合、当初の10年間が月２０００円、それから10年ごとに月２４７０円、月４１５０円、月７９１０円、月１万５２４０円と高くなっていく。一方、終身医療保険は保険料を終身払いする場合、月５９００円だ。

このように、当初は定期型の保険のほうが保険料は安いものの、高齢になると終身型の

図表４−７
ある保険会社の医療保険の比較

<table>
<tr><th>保険種類</th><th>30歳～</th><th>40歳～</th><th>50歳～</th><th>60歳～</th><th>70歳～</th><th>30～80歳までの支払保険料総額</th></tr>
<tr><td>定期医療保険</td><td>2,000円</td><td>2,470円</td><td>4,150円</td><td>7,910円</td><td>15,240円</td><td>3,812,400円</td></tr>
<tr><td>終身医療保険</td><td colspan="5">5,900円</td><td>3,540,000円</td></tr>
<tr><td>40歳から終身医療保険</td><td>2,000円</td><td colspan="4">7,360円</td><td>3,772,800円</td></tr>
</table>

保険料を超える。80歳まで支払った場合の支払保険料総額は、定期型が３８１万円、終身型は３５４万円と終身型のほうが安くなる。しかも定期型は80歳までしか継続できないことが多いが、終身型はその後も保険料を払い続ければ、保障を一生涯継続することが可能だ。

それなら、途中まで定期医療保険にして、高齢になってから終身医療保険に切り替えたほうがいいのではという人も出てくる。結論から言うと、あまりいい手ではない。なぜなら、加入年齢が高くなるほど、月の保険料が高くなるのは当たり前として、終身医療保険は支払保険料総額まで高くなってしまうからだ。例えば、先ほどの終身払いの終身医療保険に40歳で加入したとすると、月の保険料は７３６０円に、80歳までの支払保険料総額は３５３万円。さらに、30歳から40歳までの定期医療保険の保険料負担もあるので、合計３７７万円の支払保険料総額となる。
終身医療保険に加入するのなら、できるだけ若いうちに加入したほうがいいだろう。

（6）いい保険はできる限り残す

保険の見直しといっても、何でもかんでも見直せばいいということではない。いい保険であれば、残すことが重要だ。では、いい保険をどうやって見分ければいいのだろうか。最も残しておきたいのは、予定利率の高かったころの終身保険、養老保険、年金保険といった貯蓄性の保険だ。保険会社は、契約者から預かったお金を何％で運用しますという約束をする。この約束された運用率のことを予定利率という。

２０１４年７月現在の標準利率は１・０％。各社はこの標準利率を参考に予定利率を決めている。これがバブル期の前後には５・５％もあった。予定利率が高いほど高い運用益を見込んでいるので、同じ保険金額でも保険料が安くなっている（図表４－８）。

例えば、終身保険５００万円に30歳の男性が60歳払込満了で加入するとしよう。ある保険会社では、予定利率が５・５％のころ、保険料は月５２２０円だった。一方、現在の終身保険の予定利率は１・65％で月１万４８５円だ。同じ条件の保険なのに、倍以上の保険

図表 4−8
予定利率の推移「お宝保険は見直すな!」

契約日	予定利率(標準利率)
1981(S56)年4月2日 〜 1985(S60)年4月1日	5.00%
1985(S60)年4月2日 〜 1993(H5)年4月1日	5.50%
1993(H5)年4月2日 〜 1994(H6)年4月1日	4.75%
1994(H6)年4月2日 〜 1996(H8)年4月1日	3.75%
1996(H8)年4月2日 〜 1999(H11)年4月1日	2.75%
1999(H11)年4月2日 〜 2001(H13)年4月1日	2.00%
2001(H13)年4月2日 〜 2013(H25)年4月1日	1.50%
2013(H25)年4月2日 〜	1.00%

※1981(S56)年4月2日〜1996(H8)年4月1日については一般的な予定利率(異なる保険会社もある)

※1996(H8)年4月2日以降は標準利率。各社は標準利率を参考に予定利率を決める

料になっていることがわかるだろう。

養老保険や年金保険といった貯蓄性の保険でも、同じようなことが起きている。予定利率の高い貯蓄性保険は有利な条件なので、できるだけ残したほうがいい。

予定利率を確認するには、その保険の契約日を確認しよう。どの程度の予定利率であれば残すのかという判断は難しいが、**終身保険なら１９９６年４月１日以前の契約日のもの、養老保険や年金保険であれば１９９９年４月１日以前の契約日のものであれば残す価値があるので、保険を見直すときには慎重にしたい。**貯蓄性保険は古いほうが有利、定期保険などの保障性の保険は新しいほうが有利と覚えておくと見直ししやすいだろう。

ただ、こうした貯蓄性の保険がセット商品の一部になっている場合、思ったように見直すことができないことが多い。定期保険特約付き終身保険の終身保険部分の予定利率が高いので終身保険だけ残したいと思っても、終身保険だけ残すことはできないと言われることがある。

これは保険会社各社が「保険金額がいくら以上であれば終身保険だけ残してもいい」といった、取り扱いルールを定めているからだ。あくまで社内ルールなので、各社で基準が異なる。

もしも、こうしたルールに引っかかってしまった場合、定期保険特約の一部と合わせて残す方法と、「払い済み保険」に変更するという方法がある。例えば、定期付き終身保険を払い済み保険にすると、そのときの解約返戻金を元手に買えるだけの終身保険に入ることになる。変更後は保険料を払う必要はなくなるが、通常は終身保険の保険金額が元の契約よりも小さくなり、付いていた特約はすべて消滅してしまう。払い済み保険の最大のメリットは、元の契約の予定利率を引き継げることだ。保険金額は小さくなるものの、高い予定利率の終身保険だけを継続することが可能となるので、検討したい方法だ。

(7) 元気な両親の援助を受けられる体制をつくっておく

必要保障額が小さくなれば、保険の見直し効果は大きくなる。必要保障額を小さくする効果的な手は、元気な両親の援助を受けることだ。お金を援助してもらうという意味ではない。持ち家を持っている両親と同居できれば、家賃はいらないし、自分の持ち家を売却することも可能だ。また、子どもの面倒を見てもらうことができれば、思う存分働きに出て行くことができる。世帯人数が増えることで、生活費の単価も下がる。

核家族化が進むほど、大黒柱にリスクが集中するため、保険に頼る比重が大きくなる。

逆に大家族になるほど、保険に頼らなくても何とかなるようになる。保険の加入の際には、両親の援助を受けることも想定し、プランをつくってみよう。

これらのポイントを参考に、あなたも基本となる死亡保障と医療保障をしっかり確保してほしい。保険会社も商品もいろいろとあるので、義理・人情に流されずにとにかく比較検討をしよう。

忘れてはならないのは、できるだけ特約が付いていないシンプルな商品同士を比較することから始めること。そのうえで、お金に余裕があるのであれば、がん保険や介護の保険を検討してみよう。

後になって「知らなかった!」ということを繰り返さないよう、納得できるまで説明を受けよう。納得のできない説明なら契約しない、といったくらいの気持ちで、見直しに臨んでほしい。

第5章

会社の制度を使い倒そう！妻のパートが家計を変える

会社は「お得」の宝庫である！

普段はあまり気づかないかもしれないが、サラリーマンだから使える有利な制度は非常に多い。実は私も、自分がサラリーマンだった時代には気づかなかったが、今思うと「使っておけばよかった……」と後悔している制度は多い。

配偶者や子ども、同居の両親などに対して出る扶養家族手当はご存じだと思うが、それ以外にも、会社によって各種手当を設けている。最近は各種手当を廃止する企業も増えているが、設けている企業はまだまだ多い。労働組合にもいい制度があることが多い。こうした制度には自分で申請したり、申し込んだりしないと受けられないものも多いので、よく調べてまめに利用する人とそうでない人とでは、在職中に軽く数百万円以上もの差が生じることもある。

特に、男性は「家計は妻任せ」という人も多く、肝心の自分の会社のこうした制度に無関心なことが多い。ノーリスクで有利な制度が利用できるのだから、よく調べて、使える制度は使い倒そう。

では、サラリーマンが使える一般的な制度をご紹介しよう。

■住宅手当

第3章で、購入と賃貸で、住宅費用が少なく済むのはどちらか、シミュレーションを行った。物価が下がっているときには賃貸が有利で、物価が上がっているときには購入したほうが有利、という結果となった。

ところが、あなたの会社に社宅があったら、会社から家賃補助など住宅手当が出たりするなら、まったく話は変わってくる。実質的な家賃が住宅手当の分だけ減るのだから、賃貸のほうが有利になりやすくなる。不動産価格や家賃がどんどん上がるなら買ったほうがいいだろうが、そうでないなら、住宅手当がもらえるうちは賃貸住宅に住んだほうがいい。

退職まで住宅手当が出るなら、しっかりとお金を貯め、退職してから、住みたい場所に住宅を買うという方法もいいだろう。退職後の人生だけ考えればいいのなら、中古の住宅で十分だし、住宅ローンも組まずに購入することも可能だろう。住宅ローンは、利息の割合が膨大になる。利息の分を貯蓄に回すと考えるなら、そのメリットは非常に大きい。

■社内融資制度

住宅を購入するときやリフォームをするときに、有利な条件で住宅ローンを借りられる場合がある。会社と銀行との提携により、金利が普通より優遇されていたり、諸費用が少なく済むこともある。さらに、会社が一定の利子補填を行ったり、変動金利であっても一定以上の金利に上昇しないような仕組みになっていたりとさまざまだ。

一般よりも有利な融資制度が利用できるなら、それを使わない手はない。ただし、返済期間を定年年齢までしか設定できなかったり、会社を辞めるときには全額返済しなくてはならないといったケースもある。金利の条件だけではなく、その他の条件も民間の住宅ローンと比較しよう。

■団体保険

第4章で保険の見直しをしたが、比較検討して保険料の割安な保険を探すと、見直し効果が大きくなった。大きな会社になると、会社の「団体保険」や労働組合の「共済」が利用できることが多い。

この団体保険や共済は、簡単にいうと団体割引の利いた保険だ。通常は一般の民間保険に比べると保険料が安く済む。特に、死亡保障を得るための定期保険は割安だ。利用できるなら見直しの対象として検討しよう。

たまに、一般の生命保険会社で加入した生命保険を「団体扱い」で加入している人が、団体保険に加入していると勘違いしているケースがある。団体扱いは、企業が給与引き落としで保険料を徴収する代わりに、若干の割引が受けられる、というもの。団体保険とはまったく違う一般の保険なので注意したい。

ただし、団体保険にもデメリットはある。多くの場合、その会社を退職すると保障を継続できない。退職時に健康状態がよければ一般の民間保険に入り直せばいいが、健康状態が悪いと新しい保険に入れない場合があるので、注意しよう。

会社を退職したときに、病気になっていても、一般保険に移行できるよう受け皿を用意している場合もある。退職時の扱いをあらかじめ確認しておくことが必要だ。

■社内預金、財形貯蓄制度

あなたの会社には、有利な社内預金制度はないだろうか。低金利時代の今でも3％、4

%の金利が付く会社もある。頭金を出さずに住宅ローンを余分に借りて、社内預金に預けて利益を出す、といった裏ワザも使えるかもしれない。運よく有利な社内預金があるなら、どんどん預けよう。

財形貯蓄制度も、利用価値が高い。「勤労者財産形成貯蓄制度」の略称で、事業主の協力を得て賃金等から天引きで行う貯蓄制度のことだ。一般財形貯蓄、財形年金貯蓄、財形住宅貯蓄の３種類がある。

一般に預貯金の利子は20%の源泉分離課税だが、財形年金貯蓄と財形住宅貯蓄については、元本５５０万円まで非課税枠がある。現在は金利水準が低いので非課税の財形制度のメリットはあまり生かせないが、金利が上昇すればメリットが出てくる。なにより、天引きという形で半ば強制的に貯蓄ができるのがいい。

また、財形制度を利用すると、補助金を出してくれる会社もある。運よく補助金が出るのであれば、実質的な利回りを計算し、お得になるならぜひ預けてみよう。ただ、契約締結時に55歳未満であること、５年以上の積立期間を取ること、住宅や年金以外の目的に使うとペナルティがある、といった条件があるので、会社の担当者と相談してみよう。

■福利厚生、各種団体割引

年に数回の家族旅行でも、まとまったお金が出ていってしまうものだ。やりくり費のなかで大きくなりがちなレジャー費の節約のためにも、会社に福利厚生制度があるなら、ぜひ利用したい。

安く泊まれる会社の保養所もいいが、最近では、会社が福利厚生代行会社やレジャー会社、ホテルチェーンと提携していたり、会員制リゾートクラブの会員になっていたりすることが多い。団体割引はあなどれない。

また、私たちの「家計の見直し相談センター」は有料相談を行っているが、こうした有料サービスも会社によって割引が利くこともある。実際に提携している複数の企業や労働組合、ある福利厚生代行会社の会員企業の社員は、割引で利用できる。会社によっては、提携しているハウスメーカーで家を建てると建築費の2～5％の割引が受けられたり、不動産の仲介手数料が3割引きになったりすることもある。また、弁護士相談やベビーシッターサービスなど、生活に関わるさまざまなサービスを割引で利用できることがあるので、調べてみるといいだろう。

■各種補助制度

会社によっては、車や住宅を買うときに補助金が出るところもある。ある会社ではファクスやパソコンを購入する際にも補助金が出たことがあったそうだ。また、自社製品を購入する際には、特別の割引があることもある。これも補助金の一種だ。また、家族が病気で入院したときなどに治療費を補助してくれる会社もある。こうした制度も、こまめに利用すれば節約になる。会社にどんな制度があるか調べてみよう。

副業が赤字になれば税金の還付を受けられる!

会社によっては副業を禁止していたりするので、やり方は工夫しないといけないかもしれないが、勤務時間外の土日などを利用して、副業をしてわずかでも収入を増やすと、家計へのメリットは非常に大きい。

副業をした場合、気になるのが税金のことだろう。趣味程度の副業であれば「雑所得」扱いとなり、所得が20万円以下なら確定申告は不要だ。つまり税金がかからない。副業を禁止している会社でも、雑所得程度の副業であればバレる心配もないだろう。ネットオークションで不用品を売ったり、ちょっとしたものを仕入れてきてインターネットで売るなど、空き時間を生かして気軽にやってみてはいかがだろう。年間20万円でも、貯蓄すれば20年で400万円だ。

サラリーマンのように給与所得があり、さらに副業で20万円以上稼ぎたいという場合、副業による経費が給与所得で天引きされた分の税金から戻ってくることがある。副業による所得は、以下のような計算式で計算される。

所得＝売上－（仕入れ金額＋諸経費）

あくまでも事業に関係のある経費という前提だが、経費をどんどん計上したら、副業の収入よりも大きくなることもある。つまり、副業で赤字が出る状態だ。

先ほどの雑所得であれば、赤字が出ても給与所得とは通算できない。しかし、「事業」として副業をすれば、副業の赤字分を給与所得と通算し、全体の所得を低くすることが可能だ。そうすれば、給料で源泉された税金を戻してもらうこともできるのだ。副業を事業として行うには、所轄の税務署へ「青色申告」の届け出をしよう。「事業所得」として認められれば、他の所得の損益通算だけでなく、赤字分の繰り越しも可能となる。

もちろん、事業として副業をやるからには、毎年コンスタントに売り上げを計上して儲けることが前提だし、青色申告事業者として本格的に副業をすれば、会社の副業規制への抵触問題は避けにくくなる。会社の副業に対する考え方をよく確認して、問題が起こらないようにしよう。

妻が働くと、家計は劇的に変わる

サラリーマン家庭で最も確実に収入を増やすには、妻が働くことだ。特に40代以上の男性が相談者の場合、妻が働くことにあまり価値を見いだしていない人が見受けられる。そういう人からは、

「どうせ小遣い程度しかもらえないのだから……」

といった否定的な言葉が出てくる。

ところが、妻が稼ぐお金がたとえ月数万円であっても、その収入がいかに家計を助けて

図表5－1
妻のパート収入が家計をよみがえらせる

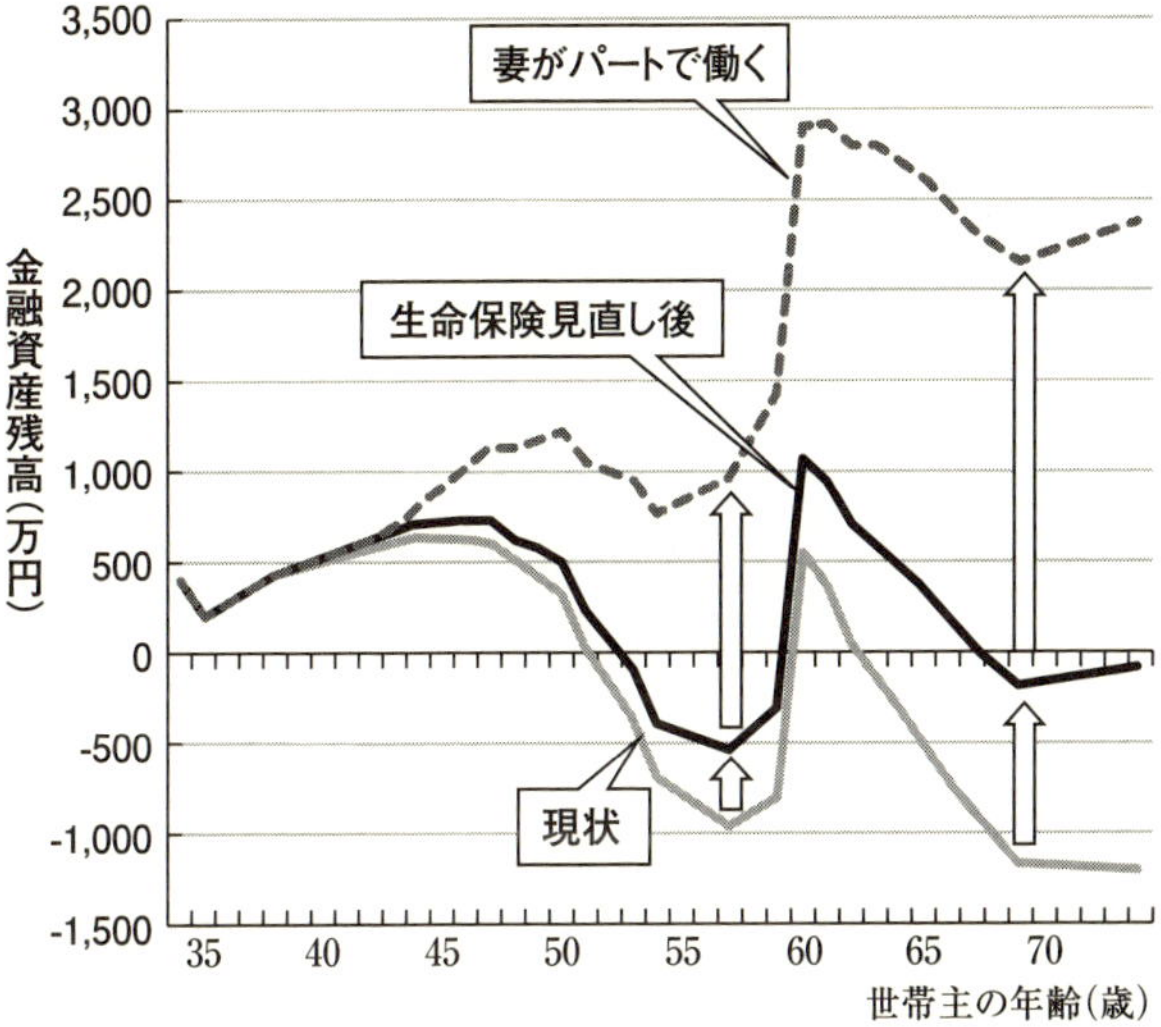

くれるか、シミュレーションをするとよくわかる。

不破さんのケースで、妻の所得の影響を見てみよう（図表5－1）。

不破さんは14～15ページのシミュレーションのように、住宅を購入後、教育費の負担が大きくなる51歳には貯蓄が底を尽き、破産の危機を迎えると予想されている。このシミュレーションでは、妻は専業主婦だ。

では、妻を、下の子どもが小学校3年になったらパートに出て、夫の扶養の範囲内で年１００万円稼ぎ、60歳まで働く、という設定にしてみよう。そうすると、一気に金融資産残高のラインが上向きになり、破産の危機が遠のくのだ。**年１００万円の妻の収入が家計に与える影響は非常に大きい**ことがおわかりいただけるだろうか。

妻が働くメリットはそれだけではない。核家族は、夫にリスクが集中することが最大の欠点だ。**不透明な時代だからこそ、夫だけでなく妻も頑張って2馬力で稼ぐ家計は安定度が高く、リスクに強い。**もしも、妻の収入が高ければ、夫がリストラに遭ったとしても、しばらくは食べていくことが可能だ。

しかし、メリットばかりではない。妻が働くことは単純に、夫の収入＋妻の収入＝家計収入、とならないので気をつけたい。まずは家計費が上がりやすいことだ。保育園やベビーシッターなどの育児関連費用といったコストが生じる。また、外食費、被服費などの支出も多くなるだろう。序章の「中流層」のくだりで述べたように、収入が高くなると、生活水準も上がり、気づくと浪費してしまい、思ったほど貯蓄ができない、ということになりがちだ。こういったことに十分注意し、家計管理はきっちりとしたい。

第6章

余裕資金で挑戦しよう！投資運用超入門

自分の家計の「余裕資金」を答えられるか

いよいよ、家計の見直しの総仕上げとして、「運用」を考えてみよう。

運用には「儲ける」というイメージがあるが、実際のところ、儲かるだけではない。運用には必ず「リスク」が伴う。大きく儲けようとしてリスクを取りすぎ、ライフプランを実行できなくなったり、家計が破綻してしまうようなことは絶対に避けなければならない。

運用は家計にとって「効き目の強い薬」だと考えるとわかりやすい。すごく効くかもしれないが、副作用も強い。体力の弱い家計では、大量に使うことができない。ものすごく元気になれるかもしれないが、逆に副作用で死んでしまうかもしれない。

余裕のある家計が運用すると成功しやすい。金融資産残高が安定して殖えている家計は、少々失敗してもすぐに回復できるので、リスクを取りやすいからだ。

ところが、貯蓄の乏しい人に限って、「一か八か運用で人生逆転!」とばかりに運用することがままある。100万円しか貯蓄のない人が、100万円のすべてをつぎ込み、1年で2倍、3倍のリターンを狙おうとするのは、ただのギャンブルだ。ほとんどの人は失敗すると思ったほうがいい。

家計の体力は弱いが、どうしても運用でお金を殖やしたいというなら、少額の投資資金で殖やすことを考えることだ。投資資金はせいぜい貯蓄額の10％以内、１００万円の貯蓄があれば10万円以内、勉強だと思える範囲内の資金に限定しよう。

運用というと、よく「余裕資金」の範囲内でやりましょう、と言われる。

では、いったいあなたの家計の余裕資金はいくらだろうか。

余裕資金とは、運用で失敗して失っても、ライフプランの実現に支障の出ないお金のこと。そして、たとえ損をしても、あなたの心が持ちこたえられる程度のお金のことだ。

運用というと殖やすことばかりを考えがちだが、成功のカギは、運用の「リスク」に注目することだ。過剰なリスクを取らないように気をつけながら、リターンを狙っていくことだ。運用は、儲かるときには儲かるようになっている。儲けが大きいか小さいかは差が出てくるが、そんなものだ。そして、運用をすれば損をするときがくる。利益は必ずとは言えないが、損については必ずと言っても言い過ぎではない。運用で成功できるかどうかは、過剰なリスクを取らないことがカギを握っているのだ。

自分のリスク許容度を計算しよう

キャッシュフロー表を作成することができれば、家計のいろいろなことがわかるが、家庭でこうした計算をするのは難しいだろう。

そこで、家庭でも家計の体力に合わせて取れるリスクの大きさ、すなわち、リスク許容度を計算できる方法がある。リスク許容度の計算は、老後の必要資金の計算と同様にライフプランシートを用いる。ライフプランをベースにした計算方法だ。

リスク許容度には2種類ある。まずは、家計そのものがどこまでリスクを取れるのか。家計のリスク許容度だ。もう一つは、あなたの心がどこまでリスクに耐えられるのか。心のリスク許容度だ。

(1) 家計のリスク許容度を計算する

まずは、家計のリスク許容度を計算してみよう。現在の金融資産残高から、安全にガッチリと守るべきお金を差し引いた残りが、家計のリスク許容度となる(図表6－1)。

図表6−1
リスク許容度はこうして計算する

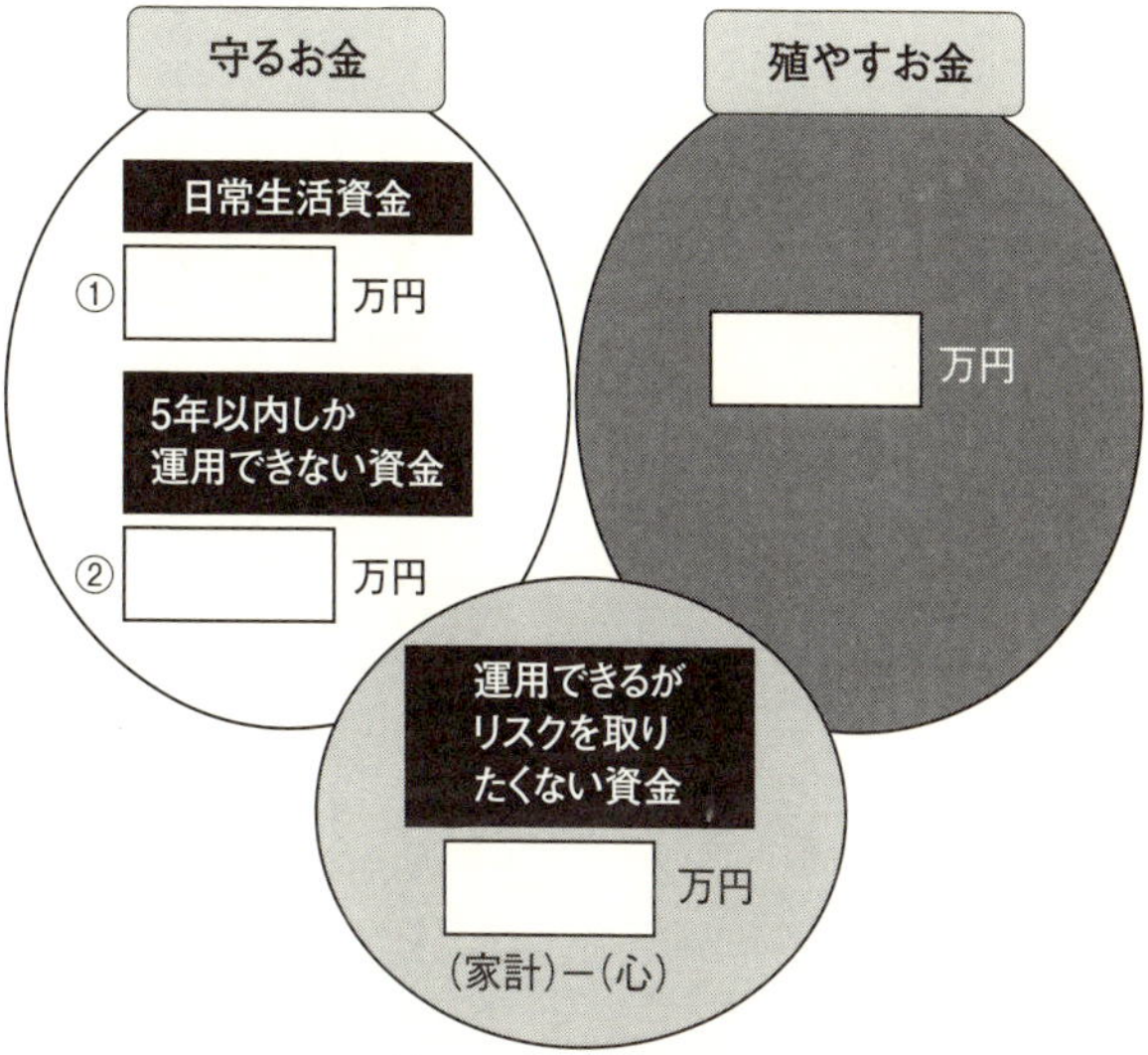

(家計)<(心)の場合はゼロ

安全にガッチリと守るべきお金は、まず月の生活費の６カ月分として計算する。月に30万円の生活費を使うなら１８０万円だ。

次に、５年以内に貯蓄から取り崩す可能性の高いお金について考慮する。家の頭金、車の購入費、子どもの入学金と、まとまったお金を支出する際に貯蓄は取り崩されやすい。５年以内に取り崩す見込みのある金額は、ライフプランシートを作成することで見えてくる。不破さんは今年、住宅の初期費用として３００万円を取り崩す予定だ。すると、現在の預貯金のうち生活費１８０万円、イベント資金３００万円の計４８０万円はガッチリ守るべきお金ということになる。

不破さんの金融資産残高は現在４００万円だから、ここから守るお金４８０万円を引いてしまうと、運用に回せるお金は残らない。つまり、不破さんは運用して失敗してしまうと、ライフプランが実現できない可能性が高くなってしまう。ただ、不破さんの貯蓄が今後も増えていき、４８０万円を超えると、超えた部分が家計から見てリスクの取れるお金となる。

運用はこの範囲内にしておけば、運用に失敗しても、ライフプランが崩れる可能性は低いと言える。

（2）心のリスク許容度を計算する

次に、心のリスク許容度を計算してみよう。

この計算は簡単だ。ある朝、テレビのニュースを見ていたら、リーマンショック級の経済ショックが発生したことを知ったとしよう。あなたが運用しているお金は大幅に損失を被ることがほぼ確定だ。はたして、その損失がいくらまでであれば、「自分はリスクを取って運用しているのだから、仕方がない」と思えるだろうか。

ここでの損失は、割合ではなく、金額で考えることに注意してほしい。なぜなら、これまでの経験上、損失というのは割合ではなく、その金額によって心にダメージを与えるものだからだ。これだけの金額があれば、「家族で海外旅行に行けた」「高級車が買えた」「家が買えた」といった形だ。あなたも経験があるかもしれない。

心の許容度は、この金額の2倍までだ。**投資金額を、損しても仕方がないと思える金額の2倍に抑えておけば、リーマンショッククラスの50％近い損失まで心が耐えられる計算だ。リーマンショックまでは考えないなら、3倍までに抑えよう。**そうすれば、一般的な経済ショッククラスの33％までの損失には、耐えられることになる。

不破さんは投資経験がないせいか、50万円と小さい金額だった。２倍であれば１００万円、３倍までなら１５０万円となる。不破さんは初心者なので、２倍の１００万円を心のリスク許容度とした。

（3）家計のリスク許容度と心のリスク許容度の小さいほうが投資上限

家計のリスク許容度と心のリスク許容度を比べて、どちらか小さいほうを投資上限としよう。そうすれば、不幸にも経済ショックが訪れたとしても、家計も心も壊れずに済む。

現在の不破さんは、家計のリスク許容度がゼロ。心のリスク許容度が１００万円だったのでゼロだ。ただ、今後の積み立て分は、家計のリスク許容度を広げていく。しばらくは積み立て分で投資していくといいだろう。ただし、投資金額が１００万円を超えてくると注意が必要だ。万一のときには心が壊れるリスクが高くなるからだ。１００万円に到達したら、これ以上の投資は控えたほうがいいだろう。

もしも、不破さんの金融資産が１０００万円あるとすると、守るお金４８０万円を引いて、残り５２０万円が家計のリスク許容度となる。家計のリスク許容度のほうが、心のリスク許容度よりも大きくなった状態だ。この場合は、心のリスク許容度の１００万円までに運用をおさえ、残りのお金はできるだけ安全に手堅く運用したい。

　このようにリスク許容度を計算すると、これから住宅を購入したり、教育費を負担したりといった資金需要の多い若い世代は、家計のリスク許容度が小さくなりやすい。若い世代には積極的にリスクを取りたがる人が多いが、家計の体力は非常に弱い。

　一方、退職後の生活に入っている世代は、資金量が多いのにライフイベントが少なくなるので、長期間にわたって、安定して運用することが可能だ。イメージに反して、大きなリスクの取れる家計と言える。ところが、心のリスク許容度が小さいケースばかりだ。

　このように、若い世代と退職後の世代では、それぞれ家計のリスク許容度と、心のリスク許容度がアンバランスな状態になっている。

　ただ、リスク許容度は年々変化していくものだ。不破さんも今後お金が貯まれば、家計のリスク許容度が大きくなるし、投資に慣れてくれば、心のリスク許容度も広がるだろう。徐々に、投資と上手に付き合っていけるようになるはずだ。

最低限の目標は物価上昇率以上のリターン

運用は、ただお金を殖やせばいいというものではない。家計管理と同様に、何のために運用するのか、その目的が大切だ。そのためにも、ライフプランの実現を邪魔しないようにリスク管理をしたい。さらに言うと、ライフプランの実現可能性を高めるような運用成果も求めてほしい。

運用において多くの人が嫌うのは、おそらく「元本割れ」だろう。しかし、お金は物やサービスと交換して、初めて価値を持つものだ。だから、運用の最低限の目標にすべきは「お金の価値を減らさない」ことだ。

物価上昇率以上の運用ができなければ、お金の価値は目減りしてしまう。たとえ表面上の名目利率が高くても、物価上昇率がそれを上回っている場合は、いくらプラスでも意味がない。

例えば、名目利率が１％であっても、物価上昇率がプラス２％であれば、実質利率はマイナス１％でお金の価値が減っている。逆に名目利率がゼロでも、物価上昇率がマイナス

１％で下がっていれば、実質利率はプラス１％となり、お金の価値は増えている。

長く続いている超低金利環境下では、ほとんど利息が付かないので、炙り出されるように胡散臭い投資に手を出して損をした人も多い。中にはいわゆる悪徳商法に手を出した人もいた。ところが、この間はずっと物価が下がっていたので、実質利率はプラスの状況が続いていたわけだ。預金の利息がほとんど付かず不満が多かったかもしれないが、実は、現金のまま持っていても合格点がとれたのだ。

脱デフレを目指す政策が進められており、今後は物価の上昇が続く可能性が高い。例えば、物価が年２％上昇するなら、２％の利率以上で運用しないとお金の価値が目減りする。実際は、金融商品の利益には通常20％の税金がかかるので、２・５％程度の利率で運用をしないといけない。物価上昇率に勝つだけでも、大変に思えてくるだろう。

物価の上昇時には、普通預金に預けていると目減りする。最低でも各銀行の金利を比較して、金利の高い定期預金に預けたり、個人向け国債を利用したり、安全性が高く物価上昇にある程度対応できる組み合わせに転換していきたい。

ただし、定期預金や個人向け国債は、運用商品のなかでも非常に安全性は高いが、満期の前に解約すると、当初期待していた利回りが得られない。全額を似た性格の商品で運用してしまわずに、バランスを考えよう。

運用商品の特性を組み合わせてバランスよく

運用商品には3つの特性がある。これらの特性を知り、うまく組み合わせて、バランスよく運用することが必要だ。

「流動性」

使いたいときにお金が使えるか。普通預金は「流動性」の高い金融商品の代表と言える。一方、外貨定期預金のように解約の制限があったりする商品は「流動性」が低い。

「安全性」

元本は確保できるか、値動きは小さいか。定期預金や個人向け国債は「安全性」の高い商品の代表だ。一方、株式のように値動きが大きく損が出るのが当たり前の商品は「安全性」が低い。

「収益性」

高い収益が「期待」できるか。株式は「収益性」の高い商品の代表と言える。実際に収益が出なくても期待ができれば「収益性」が高いという。一方、普通預金のように利息がわずかしか付かなかったり、もしくはゼロのものは「収益性」が低い。

「収益性」や「安全性」にばかり気がいくと、「流動性」が犠牲になる。「収益性」を確保しながら、「安全性」や「流動性」を確保するためには、バランスよく金融商品を組み合わせる必要があるのだ。

お金の価値を守るには25％程度の投資が必要

現在は、超低金利ではあるものの、長期的に見れば安全性商品の年1％、収益性商品は年5％の収益率が期待できるとしよう。すると、安全性商品を75％、収益性商品を25％という割合で投資すれば、2％程度の利益を期待することができる。

1％×0・75＋5％×0・25＝2％

年2％程度の物価上昇局面で、お金の価値を減らさないようにするには、20〜30％は収益性商品に振り向ける必要があるということだ。さらに、**物価上昇率よりもっと高い運用率を得ようとすればするほど、株式などの収益性商品への投資割合を増やさなければならない。**

1ポイントでも高い運用率を実現するほど、将来の金融資産残高曲線はどんどん改善していくが、ハイリスク・ハイリターン、ローリスク・ローリターンだ。自分の運用の目的に応じて、無理のない目標を立ててほしい（図表6－2）。

金利サイクルに合わせた運用をしよう

収益性商品を使った運用の巧拙ばかりが注目されるが、地味ながらも安全性商品の使い方の巧拙は非常に重要だ。

図表6−2
運用することでさらに家計が強固に

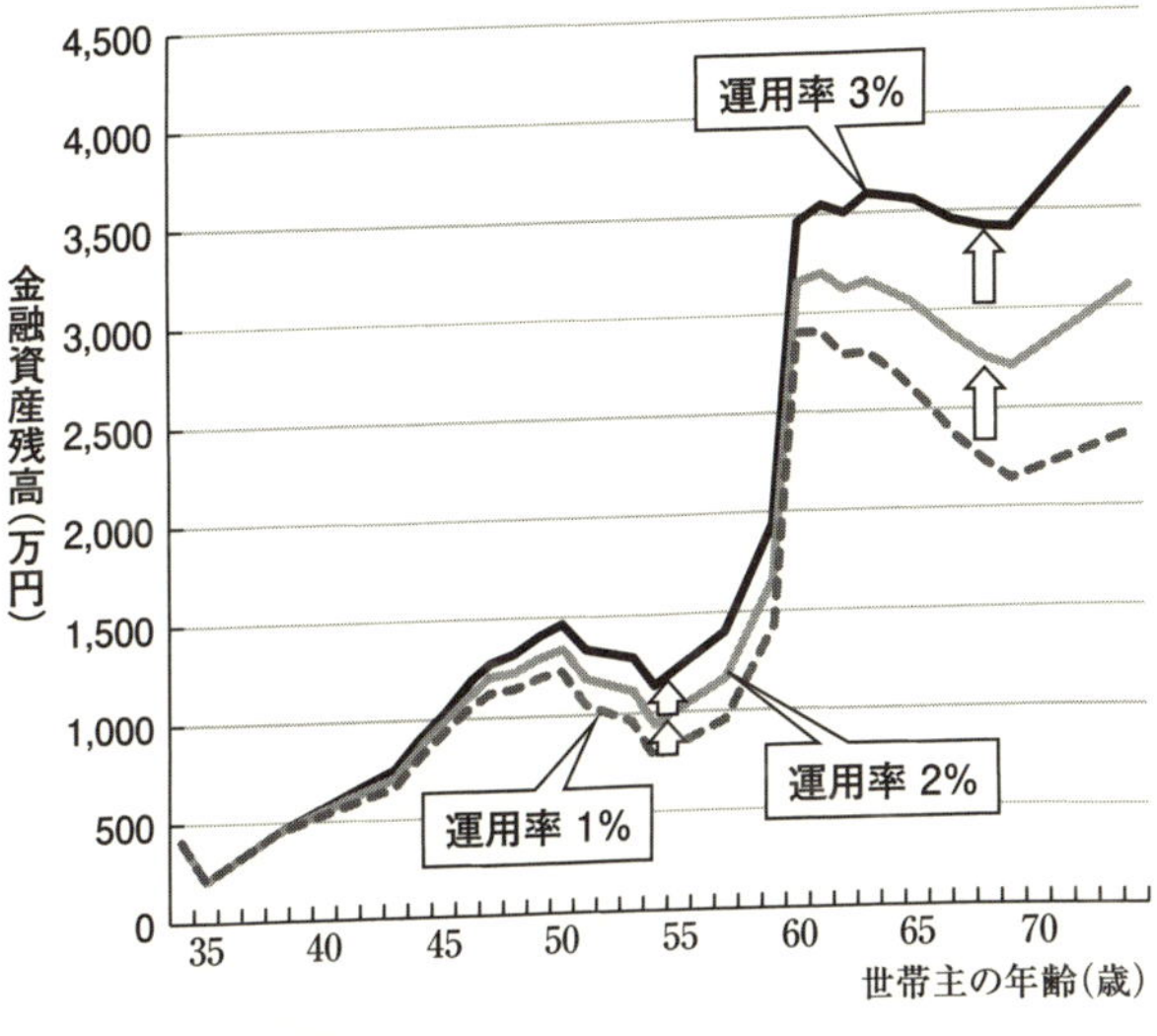

安全性商品の使い方を考えるときには、金利について学んでおきたい。金利は短期金利（満期まで1年以内）と長期金利（満期まで1年超）に分けて考えることが重要だ。長期金利は、将来金利がどのように推移するかといった投資家の予想が反映されて変動する。一方の短期金利は、日本銀行のような各国の中央銀行が、物価を安定させることなどを目的として金利を上げ下げしたり、市場に流れるお金の量を調節したりしている。このような調節を行うことを金融政策という。

日本銀行が金融政策で用いる指標の一つである基準貸付利率（旧公定歩合）の過去の推移を見ながら、金利の動くパターンを見てみよう。バブル経済が崩壊する前の金利推移を見ると、おおむね10年前後のサイクルで動いてきたことがわかる（図表6－3）。

現在は、超がつくほどの低金利環境が続いているが、これがいつまでも続くわけではない。じきに金利が上がり始め、上昇局面に入るはずだ。過去の金利の上昇局面では、ボトム圏～ピーク圏まで、わずか1年前後で駆け上がっている。徐々に上昇に時間がかかるようになっているが、思ったよりも早く上がることがわかる。日本銀行は金利を引き上げることで景気にブレーキをかけて行き過ぎを抑えるが、急激にブレーキをかけていることがわかる。

図表6−3
基準貸付利率（旧公定歩合）の推移（月末値）

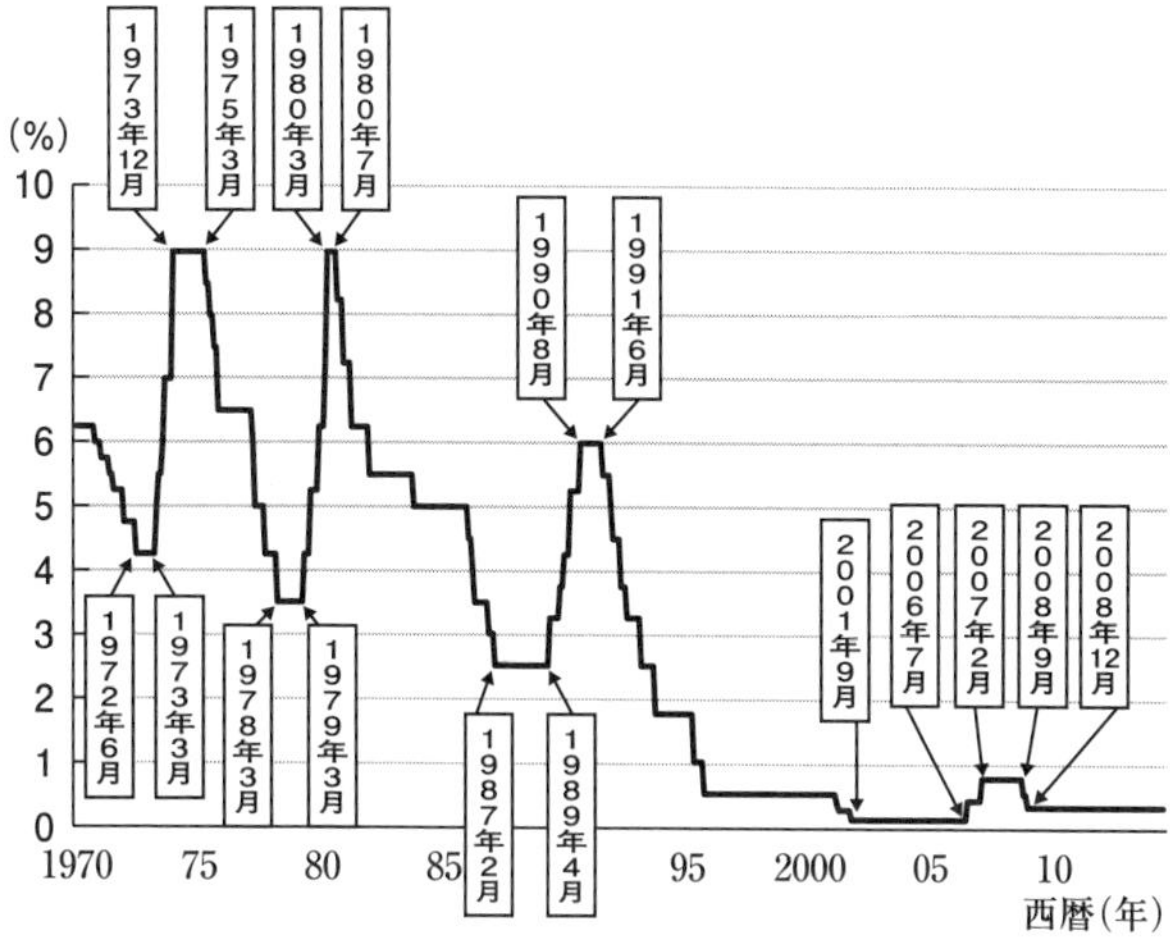

２０００年から２００７～08年のミニバブルに向かった流れを見ると、今後の金利の動きの参考になるかもしれない。この当時は小泉政権で、竹中平蔵氏が経済の指揮を執っていた。このころはゼロ金利政策がとられており、同時に現在と同じように大規模な金融緩和を行っていたが、２００６年3月に金融緩和政策が解除され、7月にはゼロ金利政策も解除されて、金利が引き上げられていった。

現在はこのとき以上に大規模な金融緩和をしている最中だ。大量のお金を市場に供給する金融緩和をしている限り、日本銀行には金利を上げるという選択肢はないだろう。金融緩和政策を解除し、市場に流したお金を吸い上げた後に、金利を上昇させるという流れとなるはずだ。

前回の金利上昇局面はサブプライムショック、リーマンショックが重なったとはいえ、上昇幅はたった0・65％だ。短期金利の指標金利である無担保コール翌日物金利は0・5％程度の上昇にとどまった。長期金利は予測で動くため、短期金利が上昇し始める前から上昇し、2％程度まで上昇した。

昔のような変動幅の大きな金利サイクルは、戻ってこないかもしれない。金利の変動幅が小さく、期間は長くなっているが、金利サイクル自体は続くはずだ。大きな失敗を避け

図表6−4
金利サイクルと上手に付き合う

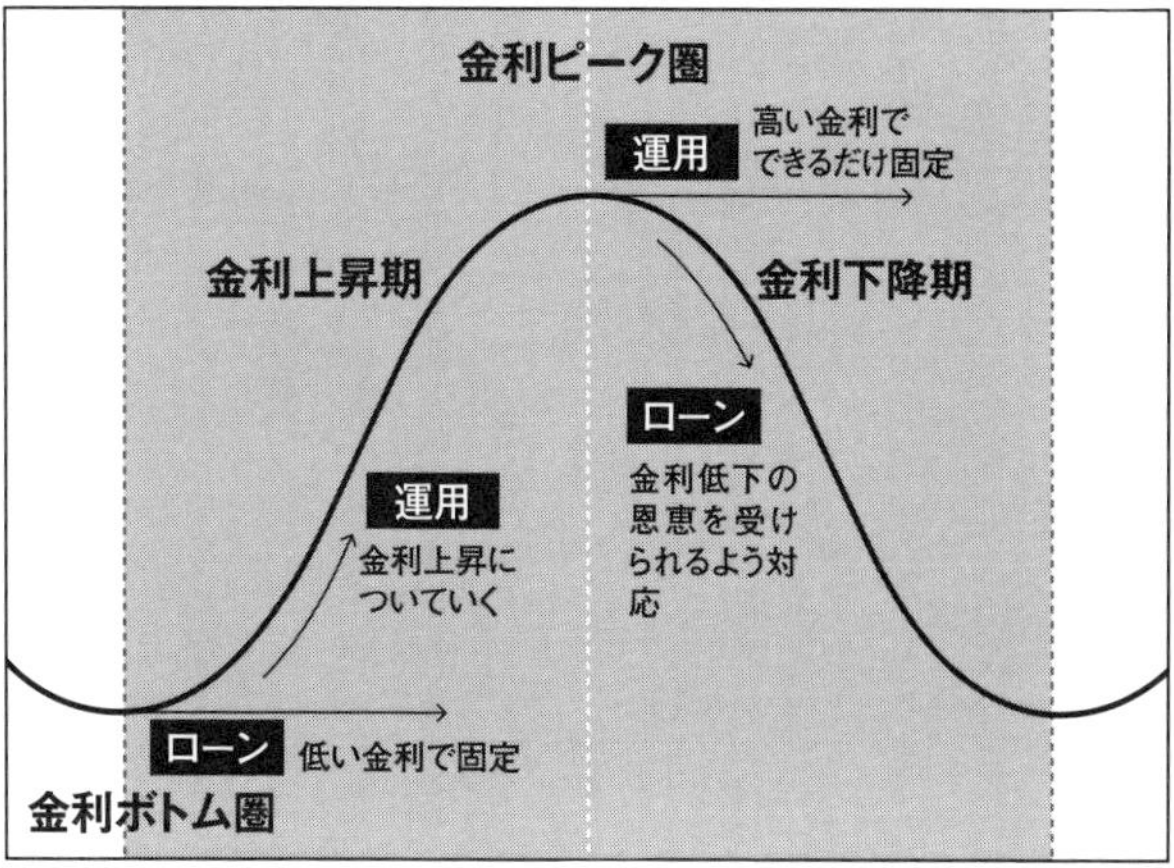

ながら上手に運用するために、金利サイクルに合わせた運用のポイントは最低限押さえておこう（図表6－4）。

《金利ボトム圏～金利上昇期》

この時期に、金利を長期に固定するのは得策ではない。特に長期国債を購入して金利が上昇すると、含み損を抱えることになる。預貯金系の安全性の高い商品で運用するなら、金利が見劣りしても、変動金利や満期まで1～3年程度の短期の固定金利の商品を選んだほうがいい。

また、金利上昇期は通常は好景気の時期だから、株式投資や不動産投資にはいい時期になる。ただし、景気にとって、金利の上昇はブレーキだ。ブレーキがかかりすぎると、景気がピークアウトしていくことになるので、金利の動向に注意しながら投資したい。

逆に、住宅ローンなどでお金を借りるのであれば、長期固定金利が有利になりやすい。この時期に変動金利や短期固定金利で借りて、金利が上昇すると、家計に大きなダメージが出やすいからだ。ただ、上述したように金利サイクルの変動幅が小さくなるのであれば、金利変動リスクを考えても、変動金利や短期固定金利のほうが有利になる可能性もあるので、金利サイクルの動向に注意したい。

【NG商品】長期国債、無配当の貯蓄型保険、変動金利ローン、短期固定ローン

《金利ピーク圏～金利下降期》

金利がピークに達したら、できるだけ高金利を長期間固定できる運用商品を探したい。こういう時期には、長期国債や年金保険などの貯蓄型保険が有利だ。長期国債は金利下降局面では含み益が発生するため、保有してもよし、売却してもよしの状態となる。貯蓄型保険は長いものでは数十年にわたって、金利を固定できることがメリットだ。

逆に、変動金利商品や短期の固定金利商品では、せっかくの高金利を生かすことができない。最初は金利が高くても、どんどん金利が下がってしまう。

お金を借りる際には、金利の下落についていけるように、変動金利や短期の固定金利のローンを選ぶといい。もしくは、長期の固定金利商品を借りて、金利が下降するたびに借り換えをするのでもいいだろう。ただし、手数料などの諸費用がかかるため、小さな金利差ではメリットが出ないので注意が必要だ。

【NG商品】変動金利型貯蓄商品・短期固定金利型貯蓄商品

貯蓄のための運用なら、最初の目標は「お金の価値を守る」ということ。急激に物価が上がらなければ、大きなリスクを取らなくても、上手に金利循環に合わせて商品を選ぶだけで目標を実現できる可能性が高い。特に、リスク許容度が小さい人は、収益性商品を利用しにくいので、運用の基本とも言える金利との付き合い方を勉強し、安全性商品を上手に活用してほしい。

キャピタルゲイン型投資とインカムゲイン型投資

余裕資金がしっかりとできたら、少しずつさまざまな投資を勉強していきたい。

投資のタイプには2種類ある。キャピタルゲイン型投資とインカムゲイン型投資だ。それぞれメリットとデメリットがあるので、目的に応じて使い分けるといいだろう。

キャピタルゲイン型投資は、文字通り、値上がり益（キャピタルゲイン）を狙った投資

図表6－5
インカムゲイン型投資とキャピタルゲイン型投資

だ。例えば、株式は価格が上がったり下がったりする。株式を安く買って高く売れば、その差額分が利益となる。キャピタルゲイン型投資のメリットは、なんと言っても大きな利益が期待できることだ。逆にデメリットは、大きく損をすることがあることだ。

インカムゲイン型投資は、債券投資のように安定した定期収入（インカムゲイン）を狙った投資だ。イメージとしては、働かなくても安定した収入が入ってくる年金収入のようなものだ。インカムゲイン型投資は、大きく儲けることは難しいが、大きく損をすることは比較的少ない。

図表6－5で、さまざまな投資商品を分類してみた。図の右側にいくほど、リスクは高いが、大きなキャピタルゲインを狙える「ハイリスク・ハイリターン」のキャピタルゲイン型運用商品になっている。また左側にいくほど、インカムゲイン中心でリスクの低い「ローリスク・ローリターン」のインカムゲイン型運用商品が並ぶ。

中ほどに位置する運用商品は、キャピタルゲインもインカムゲインも狙える商品だ。運用の目的に応じて運用商品の条件を絞れば、キャピタルゲイン中心、もしくはインカムゲイン中心の投資にすることが可能な、自在性のある商品だ。

大きくどんどん殖やしてお金持ちを目指すならば、リスクは大きいが、大きな利益も狙える株式などのキャピタルゲイン型投資をする。ある程度資産が形成されてくれば、不動産を買い進め、家賃収入を大きくしていくインカムゲイン型投資をする、といった具合だ。運用の目的に応じて、どのような特性の商品を選べばいいか、考えるといいだろう。

長期投資と分散投資

リスクを取りたくなければ、リターンは得られない。また、大きなリターンを得ようとすると、大きなリスクが伴う。ローリスク・ローリターン、ハイリスク・ハイリターンだ。リスクは怖いもの、というイメージが強いが、利益を得ようと思えば、リスクは必ずついてくる。リスクとは上手に付き合いたい。リスクをできるだけ抑えつつ投資したい場合、最も簡単に実行できる方法が、「長期投資」と「分散投資」だ。

短期で売買を繰り返すことは、何回もサイコロを転がすことと同じこと。売買を繰り返すほど、売買手数料の影響で期待値が悪くなり、損をしやすくなる。売買手数料が安いインターネット証券を利用することで、頻繁に売買を繰り返しながら利益を出すデイトレーダーたちがいる。こうした投資家は、雑誌などにも登場している。

ただし、こうした投資手法はゼロサムゲーム。一部の大儲けした投資家がいれば、その裏には数多くの損をした投資家がいる構図を忘れてはならない。自分だけが才能があって、一部の大儲け投資家になれるなどとは考えないほうが無難だ。

多くの人が真似できる方法としては、長期間保有することだ。多くの投資商品の利益の源泉は「経済成長」だ。短期では、経済成長の果実を得ることはできない。短期的な価格の上げ下げがあったとしても、長期間保有すれば、高い確率で利益が得られると考える。しかも、売買回数が少なくなるので売買手数料の影響も小さくすることができる。

一方、分散投資の考え方は、一度に複数のサイコロを転がすようなものだ。サイコロを一つだけ使うのなら、そのサイコロの目だけに損益が左右される。ところが、一度に多くの数のサイコロを転がせば、悪い目が出るサイコロもあるだろうが、いい目が出るサイコロが含まれる可能性は高くなる。全体的に見れば、大きな損が出にくくなる。

日本株に外国株、外国債券と値動きの違う資産種類を組み合わせるほど、分散投資の効果は大きくなる。同じ日本株式を組み合わせるときでも、異なる業種を組み合わせたり、できるだけ値動きが違う株を組み合わせたりすると、効果的にリスクを減らすことが可能だ。

運用がライフプランを実現するための手段だと考えると、上がったり、下がったり、ジェットコースターのような激しい値動きは望ましくない。安定的に右肩上がりに伸びていく損益曲線が理想的だ。

長期投資の意味合い

長期投資といっても、一つの投資商品を購入したら、ずっとその銘柄を売ってはならないというわけではない。これからは、時代に合わせて商品を売買したほうがいいと考えている。ただし、何らかの形で投資をし続けるべきであり、そういう意味では長期投資と言えるだろう。

というのも、世界全体で見ると、利益の源泉である経済の成長スピードが鈍化している。経済成長には、未開発な地域や分野があることが必要だ。世界中が豊かになりつつあり、未開発な地域は少なくなってきている。それどころか、開発されすぎて、食料や淡水、金属やエネルギーといった資源の不足による経済成長の限界が見えてきた。今後も世界経済の成長スピードの鈍化は続く可能性が高い。

一方で、経済の変動は激しくなり続けている。先物やオプションのようなデリバティブ（金融派生商品）の発展により、実体経済の規模よりも金融市場の規模が大きくなった。そのため、バブルの形成と崩壊が起こりやすくなっている。世界中を巨額のお金が回っている。国境がなくなりつつある世界中の市場で、ある資産へ巨額の資金が集まったと思えば、あっという間に引き上げられていく。非常にダイナミックな動きだ。私たちは、こうして引き起こされる価格の大きな変動に翻弄されやすくなっている。

その典型が、２００８年に発生したリーマンショックである。国際分散投資商品でも株式の比率が高ければ、リーマンショックによって40％以上の損失が出た商品は珍しくない。こんな大きな価格変動をしてしまっては、多くの投資家の心が壊れてしまうことだろう。

世界の経済はつながりを強めている。世界のどこかで大きな事件が起これば、日本の私たちも無傷でいられる可能性は低い。残念ながら、大きな経済ショックは５～７年ごとに発生している（図表６－６）。

東京オリンピックの招致に成功して以来、２０２０年まで景気がいいという幻想を見ている人が多い。だが、２０２０年までは２００８年のリーマンショックから12年もある。この間に何も発生しないと考えるのは、楽観的すぎるのではないだろうか。東京オリンピ

図表6−6
経済ショックは必ずやってくる!

	? 年	7年後なら2015年だが…
	2010年	ギリシャショック
	2008年	リーマンショック
6~7年	2007年	サブプライムショック
	2006年	ライブドアショック
4~5年	2001～02年	エンロン・ワールドコムショック
	1997年	アジア通貨危機
7年	1994年	メキシコ通貨危機
	1990年	バブル経済崩壊
	1987年	ブラックマンデー

ックの前に、大きな経済ショックを経験する可能性が高いと考えながら、投資をすべきだ。

金利のボトム圏から上昇期には、株式や不動産に投資して利益を得たら、金利のピーク圏から下落期には、現在よりも金利が高くなっているであろう長期国債に乗り換える、といった機動性があってもいいかもしれない。

もちろん、このような相場の予想は当たりにくい。だからこそ、相場予想が外れたとしても、家計や心が壊れないようにリスク許容度を守った投資をしてほしい。

サラリーマン大家さんを目指すなら

運用資金が大きくなるにつれ、キャピタルゲイン型運用からインカムゲイン型運用に切り替えていくと効果的だ。

インカムゲイン型運用は比較的リスクが小さく、安定したフローが得られるもの。税引き後の利益が５％あっても、運用資金が10万円しかないなら、年間利息は５０００円しかないが、１０００万円あれば50万円、1億円あれば５０００万円にもなる。これだけのフローが得られれば「安定収入」と言える額だろう。うまくいけば、年金に頼らずに生活することも可能だ。

インカムゲイン型運用の王道は、不動産投資だ。ロバート・キヨサキ氏が『金持ち父さん　貧乏父さん』（筑摩書房）というベストセラーを発表して以来、サラリーマン大家さんが急激に増えた。私たちの相談センターにも、「金持ち父さんになりたい」と相談に来る人が少なくない。

ここで不動産投資の特徴を見てみよう。まずはメリットだ。

- 安定した家賃収入が得られる
- 不動産価格の変動により値上がり益が発生するかもしれない
- 不動産を担保に融資を受けることができるのでレバレッジが利く
- 同じ物件でも工夫次第で収益性を高めることができる

不動産投資は、株式投資のように値上がり益を狙うことも可能だが、何といっても安定した家賃収入が得られることがメリットだ。また、株を買うから銀行に融資してくれと言っても普通は無理だが、不動産に投資する際には、銀行は融資をしてくれる。だから、数百万円の自己資金で数千万円、ときには1億円以上の物件を買うこともある。こんなにレバレッジの利く投資手段はあまりない。

相談を受けたなかには、数百万円の資金から不動産取得を始め、数年の間に何棟も不動産を取得した人もいる。不動産が増えるごとに家賃収入が増え、ついに給与収入を超えた。今では、会社を辞めて大家さん業に集中している。

自分の住宅を購入するだけの自己資金や収入があるのなら、収益性のよい不動産に投資して、安定収入が入るようになった後に自宅を買うというのも手だ。頭金がしっかり貯まっているなら、オーナールーム付きの一棟建てマンションを購入してもいい。そうすると、部屋を借りている人が自宅のローンを払ってくれる。

とはいえ、そんなに甘いものではない。不動産投資で失敗する人もたくさんいる。

その代表例は、新築ワンルームマンションへの投資だ。こうした物件は広告宣伝費や、勧誘に費用がかかっており、価格が割高なケースが多い。受け取る家賃から、管理費・修繕積立金、住宅ローン返済額、固定資産税・都市計画税を差し引くと、お金が残らないどころかマイナス、というケースもある。そういう物件を買ってしまうと、売っても大幅に損が出るだろう。

こうした投資で失敗する人は、退職金を受け取った後や、年収が１０００万円以上の「自分は所得が高い」と自覚している人に多い。勉強もせず、「大家さん」というイメージだけで投資すると、大やけどするので注意したい。

投資家にとっていい物件には、広告宣伝や電話での勧誘は必要ない。あなたが本当に投資すべき物件は多くの人が血眼になって探していて、出てきたときにはあっという間に買われていく。大家さん業も他の投資と同じで甘くはないことを肝に銘じていただきたい。

不動産投資のリスクには次のようなものがある。

●すぐに売って現金化することができない
●借り入れが多いと金利上昇によって損が出るかもしれない
●空室が出たり、家賃の滞納が出たりするかもしれない
●家賃水準が下がるかもしれない
●地震・天災・火災によって被害を受けるかもしれない
●自殺・殺人が起きるかもしれない
●欠陥のある物件を摑まされるかもしれない

不動産投資で成功するには、

（1）いい物件を見つけること

（2）有利な条件で融資を引き出すこと

（3）きちんと管理をすること

の三本柱をしっかりと実行しなくてはならない。大家さんになるということは、リスクが伴う事業を行う経営者になる、という自覚を持つことが必要だ。コストがかかっても、信頼できる専門家チームを構成してほしい。

専門家チームを組む際は、自分の投資の目的や考え方を整理しておいたほうがいい。そのほうが専門家はあなたにアドバイスをしやすくなるからだ。

まずは、物件を探すために、信頼できる不動産仲介業者を探すべきだ。融資を引き出すにあたっても、自分で銀行を回るよりも、多くの物件を扱っている人に紹介してもらったほうが効率的だし、融資条件もよくなる。また、管理会社も会社が違えば管理手数料が大きく違うし、客付けが得意な業者や管理が得意な業者など、さまざまだ。

不動産で大きな失敗をすると、借金を抱えるだけに、株よりも家計へのダメージがはるかに大きい。自分の身を守るためにも、しっかりと勉強をして取り組んでほしい。

投資は少額からコツコツと始めよう

「絶対儲かると言われたのに悪徳商法だった」

「詐欺的な投資勧誘で、大きな損をしてしまった」

そういった相談を受けることも少なくない。聞いてみると、退職金を受け取った直後や、夫の死亡保険金を受け取った後、といったことが多い。いきなり大金を手にして、そのお金をどうしていいかわからなくなったことが原因だ。「このまま普通預金に入れておくことに、なんとなく罪悪感があった」と話していた人もいた。

預金しかしたことのない人がいきなり投資や運用をしようとすると、業者にカモにされ、大失敗してしまう可能性も高い。とはいえ、投資や運用はリスクがあるから近寄らない、というのではなく、日ごろから少額ずつでも経験を重ねておくといい。

物価の上昇が始まっているので、まずはお金の価値を守るという最低限の目標から運用を開始してほしい。積極的な投資は小さな金額から始め、小さな失敗や成功を繰り返しな

がら、無理をせず自分に合った投資法を見つけ出してほしい。スポーツや勉強と同じで、運用も努力とともに徐々に上手になる。儲けられるようになるというよりも、大きな損が出にくくなる、という意味でだ。

リスクのある投資をするのだから、損をすることもある。損をすると「二度と近寄りたくない」と考える人も多いが、利益から学ぶよりも、損から学ぶことのほうが多い。なぜ失敗したのかを分析することで、どんどん成功に近づけるはずだ。コツコツと時間をかけて勉強し、練習していくことで、次第に上手になり、投資が「怖い」ものから「楽しい」ものへと変わっていくことだろう。

終章

お金の心配から自由になるために

家計のリスクを知るたった一つの方法

一流企業に勤めている。年収が平均より高い。世間的には恵まれている人でも、見えないところで家計が「病気」を抱えていることがよくある。病気はジワジワと進行し、いつしか家計に「破産」の危機が訪れる――。

その病気は何なのか。その危機はいつごろやってくるのか。

それを知る方法がある。「ライフプラン」をつくることだ。

そう言うと、「人生設計をしろだの、老後の資金をつくれだのと、会社や労働組合のセミナーでイヤというほど言われている。またか」と思われるかもしれない。「将来なんてどうなるかわからない」「夢がない」とバカにする向きもある。非常に残念だ。

確かに、将来何が起きるかは、誰にもわからない。計画を立てたからといって、計画通りの人生を送れるというものでもないだろう。

しかし、先の見えない人生だからこそ、予測できることは予測し、前もって準備しておけば、あなたは自由な人生を送ることができるのではないだろうか。

ライフプランを基に、20年、30年という先まで時間軸を延ばして家計を分析すると、いつ、何のために、いくらくらいお金が必要か、それによって金融資産残高がどの程度まで少なくなるか、予測することができる。将来、金融資産残高がマイナスになる時期がくると予測されるのであれば、家計はすでに〝病気〟にかかっていると言える。本書で述べてきた家計の見直しに、本気になって取り組んでみてほしい。

そう、**ライフプランを立てる目的は、**なにも、「計画を立てて人生を生きなさい」という道徳的な話ではない。本当の目的は、**ライフプランの裏側に浮き彫りにされる家計の「リスク」を知り、適切に対処していくことなのだ。**

長期的な流れを捉えて運営しよう

予言者や占い師でもあるまいし、未来なんてわからない、と思われがちだ。しかし、本当にそうだろうか。

子どもの教育、住宅の購入、車の買い換え、退職、子どもの結婚、親の世話……、予測しやすいライフイベントはいくらでもある。こうしたイベントだけでも予測してみると、将来のリスクはかなりはっきりと浮かび上がってくる。

「いつ」「いくら」お金が必要だとわかっていれば、事前に準備をして迎え撃てばいい。後追いで慌ててお金を工面しようとするから、やりくりに苦労する。1年でも早く始めるほど、楽にお金の準備をすることができる。もしも、ライフプランが狂ったとしても、前もって準備を進めていれば、修正は利きやすいはずだ。

家族のライフイベントだけではない。世の中の動きに目をこらせば、将来を予測するヒントはたくさんある。

金利が上がる、物価が上がる、収入が減る、税金や社会保険料が増える……。さまざまなシナリオを考えて、自分の家計のリスクを予測しておくことも重要だ。予測することが無駄なのではなくて、厳しいことがわかっているから現実を見たくないだけなのだ。

経済環境や社会環境は大きな川の流れのようなもので、家計はその川面に浮かぶ小舟のようなものだ。これからも、経済環境や社会環境は厳しい状況が続くと思われるが、それらの流れがどちらに向いているのか見極めておきたい。新聞やニュースをチェックすれば、ある程度読めるはずだ。

バブルの末期、「土地はまだまだ上がる」と慌てて家を買って、損をした人がたくさんいたが、その半面で、政府の政策や土地の値動きを判断して不動産を売り逃げた人もたくさんいた。

普段は新聞もテレビ欄しか見ないという人も多いだろうが、自分の家計管理に必ず役に立つので、政治、経済に関する主な内容にも目を通してほしい。大切な自分の家族を守るために、大きな流れの中で家計の舵取りをどうすべきなのか、判断することが重要だ。

私たちのように家計を診断する立場から見ても、今後は、年金や健康保険制度改革などの社会保障の問題、増税論議など、家計の未来を大きく左右するテーマが目白押しだ。医療費や年金など、家計負担に直接響いてくるような政策が多く、注視している。

あなたもぜひ、目をこらしていてほしい。

人が言ったことを鵜呑みにせず、できるだけ生に近い情報に触れるよう心がけていけば、感性も磨かれ、自分で判断することができるようになるだろう。

経済的な未来は自分で変えられる

幸せはお金だけではない。お金持ちがみんな幸せであるとは限らない。しかし、多くの相談を受ける中で、残念ながらお金によって幸せが壊れてしまうケースも数多く見てきた。サラリーマンとして仕事をまじめにこなしてさえいれば、家計のことなど何も考えなくとも順風満帆な人生を送れた時代は、過去のものになった。

年収１５００万円以下の家計の多くがやりくりに追われているし、何らかのリスクを抱えている。まずは家計のリスクを知り、それに対して対策を打ち、家計の足場を固めてほしい。お金は貯まれば貯まるほど、あなたの選択肢を増やしてくれる。そのうえであなたの人生を自由にデザインすればいい。

成功している投資家は、カンやひらめきで勝負しているのではない。リスクとリターンのバランスを見極め、手を打っているものだ。何も考えずひらめきで大金を投じるなら、それはギャンブルだ。

人生も同じだ。たった一度の人生をギャンブルにしてはいけない。

リスクでいっぱいのこれからの時代を生き抜くために、収入を増やす、節約するなど、より確実で自分の得意な分野で勝負していこう。

もちろん、これから何十年と家計を切り盛りしていくと、楽しいときだけでなく、きっと苦しいときも来るはずだ。毎日の生活をしていると、つい日々のつらいこと、苦しいことに頭が支配されてしまう。今の苦しさから逃れることだけ考えていてはうまくいかない。今は苦しくても我慢して、10年、20年先まで考えてよりよい選択をする。そういう余裕もほしい。

あなただけのライフプランが、きっとあなたを支えてくれるはずだ。

私たちは家計のアドバイスをすることが仕事だが、管理し実行するのはあなた自身。人生の経済的な側面からではあるが、自分の将来は自分の力で変えられることがわかっていただけたと思う。楽な道のりではないが、少しずつでも家計管理のいい習慣を身につけて、足腰の強い家計に育てていっていただきたい。

おわりに

最後までお読みくださり、ありがとうございました。

本書の企画は「家計の見直し相談センター」に寄せられるさまざまな相談事例の中から生まれました。

私たちが、この相談センターを開設したのは2001年です。家計の相談サービスというだけでも珍しいのに、1世帯あたり1万8000～3万2400円かかる有料のサービスです。どれだけ世の中にニーズがあるのか、正直心配でした。

そんな当初の心配をよそに、これまでに全国の2万世帯を超える方々からご相談をいただきました。それこそ破産寸前の方から、年収数億円の方まで、本当にさまざまな家計の相談が寄せられます。こうした相談者の方々との出会いや、相談実務の中で磨かれてきた家計を改善するノウハウは、私たちのかけがえのない財産です。

さまざまな家計を見ていると、お金はたくさんあったほうがいろいろな面でいいとは思います。一方で、お金の恐ろしさも痛感します。ちょっとした判断ミスで、幸せな家族が不幸の谷に突き落とされてしまいます。お金のために罪を犯す人は絶えませんし、お金をめぐり家族が対立することもあります。

また、お金は人生を変える強い力を持っています。リーマンショック以降、これまで安定していると思われていた大企業でも、リストラ、ボーナスカット、減給等が相次ぎました。安定していると信じていた人ほど、人生が変わってしまいました。

２００６年に出版した初版の内容は、多くの人から「厳しすぎる」と言われたものです。だって、安定していると思われていたサラリーマンが破産するという話ですから。それも2度です。私は大胆に変化の方向性を予測したつもりでした。

ところが、現実はもっと大きく、もっと早く変化し、私の予測を突き抜けていきました。大胆と思っていた私の予測は甘かったわけです。これからも、きっと私たちの予想をはるかに上回る変化が、私たちの周りに起こることでしょう。

政府の政策は、二極化を促進する方向のものばかり出てきます。最近は下火になっていますが、再び「儲けたものが勝ち」という風潮が戻ってくるかもしれません。こういうときだからこそ、「お金は人生を豊かに生きるための道具」という基本中の基本に立ち返る必要があると思うのです。

「ライフプラン」を軸に、お金の使い方、貯め方、運用の方法を考える。そうすることで、本書で繰り返される家計のリスクを認識することができます。さらに、とかく忘れられがちな「人生を豊かに生きる」という目的に立ち返ることができます。

お金との上手な付き合い方は、これからの時代を生き抜くためには重要なスキルです。これまでは「何とかなるさ」と思っていたかもしれません。本書と出合ったことを契機に、お金と正面から向き合い、手間ひまかけて付き合ってみてください。あなたとお金とのいい関係がきっと始まると思います。

その中で、お困りのことがあれば、お近くの「家計の見直し相談センター」にぜひご相談ください。皆さんのお手伝いができることを楽しみにしています。

最後になりましたが、8年前に出版した本書を現在の状況にマッチするよう企画提案してくださった朝日新聞出版の首藤由之さん。原稿を辛抱強く待ってくださり、ありがとうございました。

本書を読んでくださった皆さんの人生が、これまでよりもずっと豊かで幸せなものになるよう、心からお祈りしています。

「家計の見直し相談センター」
http://370415.com/

藤川　太 ふじかわ・ふとし

1968年山口県生まれ。生活デザイン株式会社代表取締役。慶應義塾大学大学院理工学研究科を修了後、自動車会社勤務を経て、ファイナンシャル・プランナーに。運営する「家計の見直し相談センター」では、２万世帯を超える家計診断を行っている。著書に『１億円貯める人のお金の習慣』『年収が上がらなくてもお金が増える生き方』など。

朝日新書
478

やっぱりサラリーマンは２度《ど》破《は》産《さん》する

2014年９月30日第１刷発行

著者　藤川　太

発行者　首藤由之

カバーデザイン　アンスガー・フォルマー　田嶋佳子

印刷所　凸版印刷株式会社

発行所　朝日新聞出版

〒104-8011　東京都中央区築地5-3-2
電話　03-5541-8832（編集）
　　　03-5540-7793（販売）
©2014 Fujikawa Futoshi
Published in Japan by Asahi Shimbun Publications Inc.
ISBN 978-4-02-273578-2
定価はカバーに表示してあります。

落丁・乱丁の場合は弊社業務部（電話03-5540-7800）へご連絡ください。
送料弊社負担にてお取り替えいたします。